着ない服を捨てたら
「すぐやる人」になれた

意識低めの怠惰脱出法

著 ジイ（超なまけ者）
訳 オ・ヨンア

飛鳥新社

진짜 게으른 사람이 쓴 게으름 탈출법

First published in Korean by MINDBUILDING
Japanese Translation Copyright © ASUKASHINSHA CO., 2023
Published by arrangement with MINDBUILDING through Japan UNI Agency, Inc.

すべては、
これじゃ人生が台無しになるという
危機感からはじまった

20歳をすぎて
やっとふきんの絞り方を学んだ

幼稚園の時は、
2年間ピアノ教室に通い、バイエルで終わってしまった。
練習の時はいつも漫画を読んでいた記憶がある。

小学校の時は、
問題集を解くのが面倒くさくて
解答を書き写すだけだった。

中学の時は、
家庭教師が来ると居留守を使ったこともある。

高校の時は、
深夜までパソコンゲームにいそしみ、授業中は居眠りばかり。

大学生になると、
今度は明け方までスマホをいじって自主休講、
試験の前夜に一夜漬けをくり返す日々。

ニートになると、
もはやもう失うものは何もなかった。
目を覚ますと朝の4時。
夜食を食べて、ネットのコミュニティをうろつき、
昼夜がめちゃくちゃな生活でいつも疲れていて、
周りにはあたりちらしてばかりだった。
人生がこのまま終わってしまうような気がして
恐ろしくなった。

そんなわたしが、
今では本を書き、もう自己嫌悪に陥るようなこともなくなった。

大学の編入試験に合格し、
希望していた専攻の勉強をしている。

ここの数年の間にわたしにいったい何が起きたのだろうか？

この間に、
わたしに何があったのか知りたいと
思ってくださる方々のために、全身全霊を込めて書いた。

本気でなまけぐせと無気力の沼から抜け出したいと
思っているあなたに、本書が少しでも役に立つのだとしたら、
何よりもうれしいことだ。

こんにちは。ジイと申します。

　最初は「出版」という名にふさわしい、そんな話が自分に
できるのか不安でした。わたしは、なまけぐせから抜け出し
た今も、やるべきことをなんとかやっているだけで、ハード
スケジュールをこなすような暮らしとはかけ離れた毎日を、
送っているからでもあります。

　それに、脳科学や心理学の理論も知らなければ、何かの分
野でこれといった成功を収めた経験もありません。

　でも、

・なまけ者がどんなふうになまけているのか
・どんなふうに1日の生活パターンが崩れてしまうのか
・規則正しく暮らそうとしても失敗するのはなぜか
・失敗した時にどれくらい落ち込んでしまうか

　など、身近にいる勤勉な人たちと比べた時に、なまけ者が
どんな気分になるのかはよくわかります。

　そういうテーマについてなら、わたしがどんなふうに変化
してきたか、そのライフスタイルを参考に詳しくお伝えでき

るような気がしました。

　習慣化してしまったなまけぐせから抜け出して、一歩を踏み出すために必要な心構えについても、なまけ者じゃない人よりは、わかりやすく説明できるんじゃないかと思ったのです。

　本書の中から、何かよい方法が見つかったら根気よく実践してみてください。

　もちろん、わたしの経験や好みを元に書いた主観的なものですので、すべての方に当てはまるとは限りません。

「自分には合わない」と思ったら、スパッと読み飛ばしてもらってかまいません。

　みなさんがなまけぐせから抜け出すのに、本書が少しでも役に立つのなら、これ以上のことはありません。

　本書を手にされた方々が、めざす目標に向かって一歩ずつ進んで行かれますよう、心から祈っています。

なまけぐせから脱出する方法について話すには、まず「なまける」の定義からはっきりとさせておいたほうがいいですよね。とりあえず、ウェブ検索エンジン・NAVER(ネイバー)で調べてみましょうか?

「なまける」
　1.行動が遅く、なすべき行為をしない。
　例:なまけて成功した人を見たことがない。

　この例文、耳に痛い……。ぱっと見ではそれなりに正しい定義に見えますけど、よくよく考えると疑問もわいてきます。
　行動が遅くても誠実な人ってたくさんいません?
　これといってなまけ者じゃなくても、仕事するのは誰だってイヤじゃないんですかね?
　辞書的な意味だけで「なまける」の実態を定義するのは、ちょっと無理があるような気がしました。
　今度はGoogle(グーグル)で「lazy man (なまけ者)」をイメージ検索してみました。ソファに横たわってリモコンを手にだらだ

らしているイメージがかなり出てきました（「なまけ者のほうが賢い理由」という希望を持てる書き込みもいくつかありました！）。

　でも、これでは、なまけているイメージを端的に見せてはいるものの、休憩と混同してしまうかもしれませんし、長時間かけて表面化するなまけパターンを説明するのには何かが足りない気がします。
　そこで本書で使用する、具体的で実際的な「なまける」の定義は次の通りです。

なまける

① **エンドレスに先送り、なんでも適当、やってるふりだけ、といった行動パターンがデフォルト。**

これはささいなことだけでなく、大事なことを処理する時も同じように適用される。意識的にそうする場合もあれば、そういうパターンに慣れすぎてしまって自覚できていない場合もある。

② **①の「先送り、なんでも適当」などの行動パターンによってくり返される問題に直面している。**

内的には自己嫌悪・罪悪感・無気力感に陥る問題などがあり、外的にはやるべきことを処理できずに他人に迷惑をかけたり、本人のキャリア形成にマイナスになったり、成功体験がないためモチベーションが持てないといった問題が起きる。

本書を読んでいただきたいのは、②の**問題の深刻さをわか**
っていて、その問題を解決するために努力する意志のある方々
です。

　それではこの定義を元に、なまけぐせから脱出する方法を
一つひとつ一緒に見ていきましょう。

LEVEL 0

わたしのなまけ者クロニクル

2017 年 **6** 月

　結局、今日もノートパソコンを開けなかった。

　ワンルームの自宅に帰ってきて夕飯を食べた。
「この後は、（大学編入関連試験の）インターネット講義を
三つ受講して気分よく寝よう」と思ったのが夜の7時。そこ
までは覚えてる。

　今、夜の11時半。

　いったいいつのまに？

　頭の中の記憶をたどって、この数時間をゆっくり振り返っ
てみる。夕飯を食べてお腹がいっぱいになって、だるくなっ
てきたんだった。
「5分だけ休もう」とベッドに横になったものの、20分以
上すぎて、寝落ちしてしまう直前にどうにか起き上がった。

　それから机の前に座るには座ったけど、パソコンの画面を
見るたびに妙なプレッシャーに襲われた。

　つまらないインターネット講義を「受けなくては」と思っ

ただけで、もううんざりした。

　スマホを手にとった。

　「今日アップされたブログだけ読んで、その後に講義を聴こう」と思った。けれど、いつのまにかウェブ漫画を読み、夏のシャツを買おうかと検索し、いつまでもだらだらしていた。

　スマホを手から離した時には、夜10時近くになっていた。インターネット講義をせめて二つは受講して寝ようと思った時、食べたきり片づけていない食器が目に入ってきた。

　でも**体は動かない。**

　皿洗いはこの世で一番嫌いな仕事だった。

　「1人暮らしなんだから誰かが片づけてくれるわけないし、わたしが動かない限りあのお皿は永遠にそのまま」なんて思いながら、ずっとやりたくなかった皿洗いをどうにかやり終えた。

　皿洗いを終えると、またまた勉強する気がなくなり、うしろめたさを感じつつも借りてきた小説を読んでいるうちに、結局もうこんな時間に。

「情けな……」

　わたしにとって、「なまけぐせ」というのは、それほど気があうわけじゃないけれど、いつのまにか付きあうようになっていた空気の読めない友人のようなものだった。それも、かなり付きあいの長い。

　やるべきことからやろうと思っているのに、別のことに手を出して、結局は何もできないというパターンを数十年もくり返してきた。

　これ以上先延ばしにできなくなるところまで来てから、やっと、それも適当にやって片づけるパターンもまた、数えきれないほど経験してきた。

　わたしはなまけぐせパターンにすっかり慣れきっていて、なまけぐせもまたわたしにすっかり住み着いていた。二十数年間、同じように行動してきた友人に今さら怒ったところでしょうがない。

　怒る代わりに淡々とこの状況を判断した。

「うん、やっぱり今日も目標達成できなかったよね？」

　この時感じた感情の4分の3は自責の念で、残りの4分の

1は、微妙な苦々しさとどうしようもない情けなさだった。

　同じパターンをくり返しているからといって、もうすっかり平気というわけじゃなかった。わたしは**なまけ者のくせして、結果にはずいぶんこだわるタイプ**だったのだ。

　どうしてこうなったのか考えてみると、子どものころからなまけ者だった。
　中学生の時に直していたら今ごろ違っていただろうか？
　今までの大学生活を振り返ると情けない限りだ。

　こんなことを考えている時間があったら、気を取り直してインターネット講義を聴いてさっさと寝て、活気ある明日をはじめればよいものを、いらないことで悩み、また悪循環に陥った。
「明日からは絶対変わってみせる。早く寝なくちゃ。でも寝られないなぁ。ちょっとだけスマホいじってからにしようか」
　スマホを見ると父からメッセージが来ていた。
「毎日勉強おつかれさん。パパとママはいつも応援してるよ」

若干うしろめたくなったものの、だからといって変化のき
っかけにはならなかった。心底情けないと思っただけだった。
もし自責の念が行動につながっていたなら10年前にとっく
に変わっていたはず。

「今日はダメだったから明日から生まれ変わらないと」と言
い聞かせてベッドに入った。
「早く寝よう、とにかく」
　気づくとまたスマホを開いて、今すぐ買うわけでもないバ
ッグを見て、今すぐ作るわけでもないレシピを探し、暮らし
にさほど必要というわけじゃないライフハックをスクショし
ていた。

　いつのまにか明け方の4時、頭がずきずきしてきて気分は
最悪。もうやることもなくなり、眠くないけど眠ろうと思っ
た。
　突然はっと息がつまった。今度の試験はもうダメだろう。
　中高の時の中間テストや大学のテストだったら一夜漬けで
もなんとかなったかもしれないけれど、誰もが必死に準備し

ている試験に一夜漬けで通用するわけがない。それを知っているのに、よくわかっているのに、なぜわたしはノートパソコンを開けないのだろう。

　明日こそちゃんとやらなくちゃ……。いったいいつになったら新しい１日をはじめられるんだろう？

　いや、そもそも新しい１日なんてはじめられるの？

本書執筆時から**10** 年前

　中学に入学して、自宅訪問学習教材※をはじめることにした時の決意は、たいしたものだった。１週間に出される宿題は１科目20ページ。１日に３ページずつコツコツやればちょうど終わる量だ。
「１日に３ページなら20分で終わるから、まじめにやってペースを身につけなくちゃ！」

　でも人はそう簡単には変わらないもの。
　５年間、わたしはただの一度もコツコツ宿題を解いたこと

※民間の自宅学習教材のことで、１週間に一度先生が自宅に来て指導してくれるシステム。

がない。

　ちょっとまじめにやった週は木曜日に4ページ、先生がやってくる金曜日に16ページ、かなりまじめな週は水曜日に3ページ、木曜日に4ページ、金曜日に13ページだった。

　じゃ、まじめじゃなかった週はというと？

　もちろん金曜日に20ページ全部一気にやる。

　でも、宿題には解答がついていなかったし難易度も高かったので、学校で自力で20ページ解くのは不可能だった。

　だからこそ、さまざまな方法を考え出したのだ。

　暇そうにしている友人に2ページ分を100ウォンでやらないかともちかけたり、親しい友人と並んで右側のページと左側のページをそれぞれ分業体制でやってみたりもした。

　中間部分を何ページか抜き取って、ばれないようにページ数を減らしたりもした。

　あらゆる方法を動員しても結局すべて終わらないまま帰宅した日は、

「全部やったんですけど学校に置き忘れてしまって」

※1ウォンは約0.1円(2023年10月時点で)

と見え見えの嘘をついたりもした。

　学校に置いてくる回数が増えすぎて、先生に顔向けできない時は、居留守を使ってインターホンのうしろに隠れた経験も。先生もわかっていてだまされたふりをするのに大変だっただろう。

　こんなふうにさまざまな方法で教材を隠したり、先延ばしにしたりしても、捨てたりはしなかった。「いつかはこのため込んだ宿題をやるんだ」という無駄な希望をもっていたのだ。

　もちろんわたしがいつかやるはずなんてないのに。

　高校生になって訪問学習教材をやめると、家のあちこちに隠してあった教材を「親に見つかる前にすべて捨てよう」と決めた。学校用のカバンからもいくつか出てきたし、本棚のあちこちにも入っていた。

　今まで手つかずだった教材をすべて集め、なんとなく数えてみた。

「1カ月に3万ウォンだから、1科目、つまり1冊7000ウ

ォン。となると10冊あたり7万ウォンか……20冊…もっと
ある……ん？　かなりあるんですけど……？」

　数えるのはやめた。

　気が重くなって、もうこれ以上計算できなかったのだ。

　高校生のわたしにとって7万ウォンは本当に大金だった。

　やっと自分の怠惰っぷりの重みを痛感した。親にも申し訳
なくて涙がちょちょぎれそうだったが、その気持ちもまた長
くは続かなかった。

その7年後

　ひょんなことからアイスクリーム屋さんでバイトをはじめ
た。

　これは人生でわたしが好きだった数少ない仕事のうちの一
つだ。アイスクリームを丸くすくうのもおもしろかったし、
アイスクリーム一つに大喜びする子どもたちを見るのも楽し
かった。

　今月のフレーバーを先に味見して、アーリーアダプター（流
行に敏感な層）を気取れたし、「サーティーワン」は31のフ

レーバーではなく、1カ月間、毎日違ったフレーバーを楽しんでほしいという意味らしく、友人にドヤ顔で教えたものだった。

でも、やっぱりわたしはここでもまじめに働かなかった。

さほど問題になる程ではなかったものの、雇い主の立場からすれば気にはなるレベル。

わたしは**アイスクリームを適当にすくうので、規定のグラムより多かったり、アイスクリームをすくうタイミングにドライアイスを割っていたり、ドリンクを作ってからの後片づけが適当**だったり、という具合だった。

幸い、オーナー夫妻はとても心が広く、叱られたりはしなかった。

そんなある日のことだった。

子どもたちがさんざん食べ散らかしていった後のテーブルに、グリーンとピンク色のアイスクリームがべたっとついていた。

「そこのテーブルちょっと拭いてもらえる?」

わたしはふきんを手にして水で濡らし、家でやっている通りに絞った。

　今思えば絞るというよりも、手首をちょろっとひねる程度に近かった。ふきんから水が出てきたのだから絞れたと思っていた。そしてテーブルに移動した。すると、うしろから笑い声が聞こえてきた。

「ちょっと、ふきんをそんなふうに絞る子、初めて見たわ」
　わたしはぼうっとオーナーの奥さんを見つめた。
「よく見て。ふきんはこうやって絞るのよ」
　奥さんは、水のぽたぽたしたたるふきんをわたしから取り

上げて言った。

「こうやって。手に力を入れて、回せるところまで回すの」

　奥さんはふきんを両手にぎゅっとにぎって、ほぼ一回りさせて絞った。

　ねじりドーナツの形みたいによじれたふきんからは、どこにそんなにと思うような水が流れ出てきた。シンクのステンレスの底に水がダダダと落ちていく音が、かすかに聞こえてきた。

「水気がなくなるまで絞らないとダメでしょ？」

　奥さんが満足げな表情で、ぎゅっと絞ったふきんを渡してくれるのをわたしは啞然としながら受け取った。

　奥さんの絞ったふきんは、わたしが絞ったものとは感触からして違った。

　うしろで見守っていたオーナーも笑いながらこう言った。

「20歳をすぎてやっとふきんの絞り方を覚えたってわけか。おめでとう」

「ありがとうございます……母も喜びます」

そのふきんでテーブルを拭いてみて、やっとわたしは気づいた。拭いたあとに水気が残っているのは当たり前のことじゃなかった。テーブルに、まるでカタツムリが通りすぎたみたいに痕が残っていたわたしの拭き方を思い出した。

　あれ以来、わたしはふきんや雑巾だけはしっかり絞るようになったが、その事件のことはいまだに忘れられない。
　なんでもないような記憶がこんなにも鮮明な理由はなんだろう？

　たぶん、わたしの「なまけぐせパターン」を初めて自覚できた瞬間だったからかもしれない。
　さまざまな家事から勉強、文章作成に至るまで、いつもこのふきんをぐにゃぐにゃに絞るようなやり方をしてきた。つまり、ふきんを例えに出して、もう少しくだいていうならば、こうなる。

【わたしのなまけぐせパターン】

☑ まずふきんを絞るまねごとをする

（仕事を任されると、やらないわけではない）

☑ でも自分でも気づかぬうちに、最小限のエネルギーを使って仕事を終わらせようとする

☑ 実のところ、しっかりやろうと適当にやろうと、かかる時間やエネルギーにそれほど大差はない

☑ にもかかわらず、非効率的な仕事のやり方をくり返す

　たとえば、母に皿洗いを頼まれると、やらないわけじゃない。あからさまにやらないでいると、母の大きなため息が聞こえてくるのと申し訳なさがつのってくるので。

　ただ、するにはするけれど先延ばしにできるところまで先延ばしにしてから、やっと手をつけて、それも適当に終わらせる。まずはやり終えたという点に意味を置く。

　小学校で英語教材を解く時も、解答がついていれば書き写して、なければ問いに関する部分だけ読んで勉強したふりをした。

中高と大学の時も同じだった。

　授業中に席に座ってはいるものの、勉強に集中する代わりに黒板を眺めながら空想にふけっていた。

　こうして長い歳月をかけて、ふきんを中途半端に絞るように、なんでも適当にやった結果、自分の行いの結果もまたすべて中途半端なものになっていった。

　それをわかっていながら同じパターンをくり返しているうちに、「やるべきことをする」とは、どういうことなのかすら忘れていった。

いつかは何かに集中して、きちんとやりとげられる日が来るのだろうか?

再び、あれから **2** 年がすぎて

　大学生活は表面的にはなんの問題もなかった。

　でも、数年前のあのバイトのふきんと同じで、なんでもまねごとにすぎなかった。

　授業を聴くには聴いていたけれど、机の下で隠れてスマホでネットサーフィンをしたり、でなければぼけっと黒板を見

つめて空想にふけっていた。

　テストが終わると専攻知識はすぐ忘れ、教養のレポートを数本書いても、自分の中に残る教養は何一つなかった。

　そして、重要だけれど今すぐ大問題になるわけじゃない進路についての準備は、それこそ引き延ばせるだけ引き延ばした。

　それでも学校というルーティンがあったから生活パターンがめちゃくちゃにはならなかった、

　少なくとも昼間は授業を聴き、友人に会い、成績もそこそこキープしていたから、人生は順調に進んでいると思っていた。

　わたしはなんの問題もない。

　なんとかなるはず。

　いつかは変わるだろうし。

　そうして卒業し、とうとうはじまった。

　ルーティンなしで、1日を丸々自分で管理しなければならない日々。

　もうこのなまけぐせから目を背け逃げてはいられない日々が。

LEVEL 1

いつもなまけている理由

いかなることも適用するときに
すぐに実行できないからと落胆せず
誠意をもって努力し続けること。

（円仏教「大宗経」 序品第二章）

「意志力」に関する誤解

　本書では<mark>「自分がやるべきことをやっていけるようにする力」</mark>を「意志力」とざっくり呼ぶことにします。
「意志力」は、いろいろな必要ない衝突を抑制する力、イヤでも目の前のことをはじめる力、自分で決めたルールを守る力などを含む総体的な能力、と思っていただければと思います。

　これまでずいぶん長い間、「意志力」について誤解していました。

　あれはたしか高校の時でした。当時勉強したくない時はいつも、さまざまな合格体験記やモチベーションアップのための本を読んでいました（もちろん行動には結びついてはいません）。

そこには、人ができる極限の努力や、数々の精神力でやりぬいた事例などが紹介されていました。勉強をしてこなかった人たちが何かに刺激を受けたことをきっかけに、1カ月にシャーペンの芯を10ケースも使い、常にペンを握りしめているせいで指が動きにくくなり、眠気覚ましにはこんなことをした、といった内容です。

国家試験の合格手記を読むと、自分もその中の主人公になったみたいに決意を新たにしたり、自らを鼓舞するきっかけになったりします。今からすぐに別人になって1日8〜12時間ずつ勉強ができるようになって、試験当日までひたすら勉強量を増やしていけるような気がしてくるのです。

わたしも明日からすぐ、合格手記に出てくる受験生みたいに**一生懸命やらなくてはと決意し、ぎっしりスケジュールを立てます**。

でも、みなさんの予想通り、スケジュール通りにはできません。

そのたびに、自分の意志が弱いせいだろうか、切実さが足

りないのだろうか、もっと固く決心しないといけないのだろうかと自分を責めていました。

　時には、

「お前のことだがな、その長い舌をいつか抜かれる日が来るだろう」

　で、はじまる小説の痛烈な一文を読んで自分を叱咤したりもしました。

　すぐに「意志力」を高められないと、それは「自分が悪いんだ」と思っていました。

　自分のモチベーションさえはっきりしたら、あるいは外部からのなんらかのきっかけさえあれば、ボタン一つでパソコンが立ち上がるように、「意志力」が一気に急上昇して、わたしを変えられるような気がしていたのです。

無謀なスケジュールは効果なし

　そうして、「明日から変わるぞ」とやる気満々でスケジュールを立てて実行しては挫折して、をくり返していました。

　たとえばこんな感じです。

「今日から、インターネット講義を１日に六つ受講する」と決めました。

　が、しかし、**さほど集中できないまま六つの講義を無理やり聴いているうちに、講義そのものに１日で飽きてしまったのです。**

　翌日からはインターネット講義のことを考えるだけで気が重くなり、パソコンを開くことすらできなくなりました。

　規則正しい生活パターンで暮らすと決心して、いつもはしない早寝をしようとしてもなかなか眠くならず、結局ばっち

りさえまくった目でほぼ徹夜し、朝方5時ごろになって眠りにつきました。

　決心した通りにならず、すぐに挫折して不規則な生活パターンに戻っていきました。

　授業のたびに事前に予習をしようとしましたが、いざ本を開くとめちゃくちゃめんどうくさくなります。

　うしろめたい気持ちのままずっと先延ばしにしてエネルギーを無駄使いして、やっと手をつけるので、なかなか集中できず、「これじゃ身にならない」と思って、結局やめてしまうのでした。

　どうすれば自分を刺激し、モチベーションをアップできるのか、「意志力」を高められるのか悩み、結局、ほかの人はみなできるのに、自分だけできないように思えてきて落ち込んで、また元のなまけ者ライフに戻っていく。

　即、「意志力」を高めようと、ありとあらゆる試行錯誤をくり返して気づいたのは、**「意志力」はそういうものではない**ということでした！

もちろん、一瞬でやる気を出して、短期間で変われる人も極少数いるにはいます。

　その理由の一つ目は、**外部要因が激変する場合**です。たとえば、今すぐお金を稼がないと食べるものにも困るという状況ならば、なまけたくてもなまけていられませんよね。

　二つ目は、**その状況を強制的にコントロールする環境に身を置くケース**。たとえば寮つきの入試塾、軍隊、会社などがありますが、外部要因は自分でコントロールできる部分ではないので、試験の準備をするのでなければ、寮つきの塾などにわざわざ入るというのも、現実的とはいえません。

　本書は、こうした短期間に自分を変化させる強力な外的要因がなく、そうかといって周りに自分を管理したりコントロールしたりしてくれる人もおらず、**たった1人で自分を変えていかなければならない人のため**のものです。

計画、実行、あきらめがくり返される訳

わたしの考える「意志力」とは、思考力・運動能力・持久力、そして筋力を鍛え、楽器を習うようにゆっくりと、そして継続して育てていくべき種類の力です。

　わたしたちが数十年かけて学校やメディアを通じて知識を習得し、今の思考力を手に入れたように、マラソンランナーが走りに走ってついに42.195キロを完走できるようになるように。もしくは、ボディビルダーが最初は2キロのダンベルからはじめて、最後には重量級のベンチプレスを持ち上げられるようになるように。

「意志力」もまずは簡単なことからくり返し実行し、時間をかけてゆっくり育てていく力だと思います。

にもかかわらず、少なくない人たちが「意志力」のことを、ボタンさえ押せば即、最大パワーで稼働させられるゲームの必殺技のように思っているようです。

　わたしもそう思ってました。

　試験対策のためのネットコミュニティでよく目にする、次のようなコメントを見てもわかります。

「今日まで遊んで、明日から100日間戦ってみせる！」
「今まで勉強はしてないけれど、受験生になって1日10時間ずつ勉強すれば合格できるよね？」

　こういうコメントは、1日に5000歩も歩かない人が「明日から1日10キロずつ走る」、中学の時に数学をあきらめた人が「明日から代数・幾何を解く」、といっているのとさほど変わらないように思えます。

　例えが極端すぎましたか？

　たしかに、思考力・運動能力は「意志力」とは性質が異なるものです。ある程度数値で測れる能力ですし、目で見て比

較できる能力でもありますから。

それなら、思考力・運動能力とは若干毛色の異なる「性格」に例えてみたらどうでしょう。

ものすごい人見知りで人付きあいに神経をすり減らすタイプの人が「明日からパーティークィーンになる！」といったらどう聞こえるでしょう？

ずいぶん不自然な感じがしますよね？

性格は生まれ持った気質で、かつ数十年かけて他人との相互作用や経験、記憶などが総体的に集まってできあがった確固たるものです。

一時的に別の性格を「演じる」ことはできても、長く続かないだけでなくその人自身のものになったとはいえません。

もしわたしが外向的な性格になりたいなら、心がけを変えるだけで明日からなれるなんて考えないと思います。

　その代わり、いろんな集まりに出かけてさまざまな人と出会ったり、たくさん話をしたりして、試行錯誤することでしょう。

　外向的な人たちの特徴をベンチマーキングして、必要であれば周りの人たちにフィードバックをもらいながら、ゆっくりと着実に多方面での努力を重ねて外向的になろうとするはずです。

　同じ観点から「意志力」を考えてみましょう。

「意志力」は数十年くり返してきた生活パターン、周囲の環境、生まれつきの気質、これまでの数々の成功や失敗の経験、それによって発生した結果や感情、生き方、個人のエネルギーレベルといったさまざまな要素が集まって、できあがったものだと思うのです。

　こんなに複合的で確固たるものを、**心がけ一つで今すぐ変えようというのは、あまりにも非合理的だと思いませんか？**

まずは自分の「意志力」レベルを
認識することから

「意志力」が「気合だけで一気に何かを引き出せる能力」だ
とするなら、わたしたちの場合、働き者で誠実な人たちに比
べて、なかなか思うようにはいかないでしょう。

「意志力」が足りないのは、切実さが足りないからだと自己
嫌悪しがちです。

　でも、**「意志力」は、そもそもすぐに身につかなくて当た
り前**だと思っていれば、自己嫌悪せずにもう少し前向きに問
題を解決していけるはずです。

　わたしは今までとは違うやり方でなまけぐせを直そうと決
意して以来、次の一文をくり返し唱えてしました。

　✅　**わたしの「意志力」と「自制力」は幼稚園児レベルだ**

この一文を本気で受け入れてみたら、今まで自分がなぜこんなに意志が弱かったのか、今後、この「意志力」の弱さをどう解決すればいいのかが少し明確になりました。

　周りの勤勉な友人たち、職場の同僚たちを見て
「なぜわたしはあんなふうにできないの？　情けなさすぎる」
と挫折した経験はありますか？
　わたしはあります。
　それも何度も。

　ぱっと見ではその友人もわたしも似たり寄ったりの能力で、同じ義務教育課程を経て似た環境で育っただけに、友人ができるんだから自分もできて当たり前な気がしていたのです。
　そうじゃないから悔しくもありました。

　でも内面までのぞくと、またすぎ去った歳月をよく振り返ってみると、**わたしと友人の「意志力」には雲泥の差がありました。**
　毎日を誠実に一生懸命生きてきた人たちは数十年間、次の

ような人生を送ってきていました。

【周りの勤勉な友人や同僚のこれまで】
●やるべきことのために、目の前の衝動をがまんし、節制する方法を身につけてきた。
●大変なことをやりとげたあとに訪れる達成感を経験しているので、内的モチベーションがしっかりしている。
●規則的な生活パターンを常に保ってきた。

　つまり、長い期間、成功と失敗をくり返しながら自分自身をしっかりトレーニングし、自分の限界と「意志力」を無意識にちゃんと把握している状態なんです。
　反面、なまけ者のわたしはどんなふうに生きてきたでしょうか？

【なまけ者のわたしのこれまで】
●今すぐやりたいことを優先するあまり、やるべきことは先延ばしばかりしてきた。
●何をするにしても先延ばしできるところまで先延ばしにし

て、締め切りの日にあわてて片づけようとするので「やる
べきこと」にまず拒否感があった。

●大変なことは適当にやるというやり方なので、どんな仕事
を終わらせても達成感はなく、仕事のおもしろさも感じら
れなかった。

　そんなわたしが今すぐ周囲のまじめな同僚たちと同じよう
に行動して、同じように勤勉なライフスタイルを望むのは、
盗っ人と同じではないでしょうか。
　ほかの人たちが数十年かけて着々と積み重ねてきた誠実さ
を、一度でかっさらっていこうとするのですから。
　まるで、フィットネストレーナーが120キロのベンチプレ
スを持ち上げているのを見て、幼稚園児が今すぐまねをする
ようなものです。

　それでも希望が持てるのは、「意志力」と「自制力」はいく
らでもトレーニングできますし、この幼稚園児レベルの「意
志力」が普通の成人のレベルになるには、それほど時間はか
からないという点です。

実際のわたしたちの思考力や認知能力は幼稚園児レベルではなく、今までのさまざまな試行錯誤を経て、理論的に理解している内容もたくさんあるからなのでしょう。

　かといって今すぐ、あるいは何週間で目に見えるような変化が現れるわけじゃありません。もし現れたとしてもそう長続きしないでしょう。
　ダラダラ暮らしてきた今までの時間を挽回するためには時間はかかって当たり前だと思って、みんなでゆっくり努力していきましょう。

　次のLEVEL 2では「幼稚園児」を相手にする気持ちで、わたしたちの幼稚園児レベルの「意志力」を少しずつ成長させていくためにどうすべきか見ていきましょう。

LEVEL 2

目覚めてから眠るまでの
生活パターンを変える

ごちゃごちゃしたままの状態で1日をはじめると
その日1日中、やるべきことがなんなのかわからないまま
ばたばたといくつものことを同時にしなければならなくなる。

（カオウィアン 『1日一枚リストの力』原題 Sorting your list：未邦訳 ）

なまけ者に 24 時間は長すぎるが、
区切ればなんとかなる

　　**長期間にわたってだらだらと無気力に暮らしてきた場合、
人生のいくつかの部分もこじれている確率が高いのです。**

　朝方、眠りについてお昼になってから起きてきて、全般的
なエネルギー不足なので疲れやすく、部屋はいつも散らかっ
ていて、何をするにもモチベーションがわいてこないといっ
た難局です。

　中でもまず直したほうがいいのは「生活パターン」です。

　今までのわたしは、生活パターンが全体的にかなり崩れて
いました。

　高校の時は家で朝方までパソコンを使って、学校では授業
中、居眠りばかりしていました。

大学生の時もパソコンがスマホになっただけで、生活パターンは同じ。

　講義の時間に居眠りこそしませんでしたが、午後の講義は自主休講することも多かったし、空き時間にはふらふらになって休憩室にかけ込んで昼寝をむさぼりました。遅刻はもうしょっちゅう。

　寝るのは基本的に深夜2時すぎで、ときどき理由もなく徹夜もしていました。

　中学生以降は、夜11時前に寝たのは3週間に1回あるかないかだったと思います。

　眠りが浅いうえに、学校に行く準備をしなければならないぎりぎりの時間まで寝ていてやっと起きるのだから、コンディションがよいはずもなく、そうでなくても足りないエネルギーはさらになくなってしまうのでした。

　大学卒業前までのわたしは、毎日疲労と眠気を感じていて無気力でした。集中力もありませんでした。これといって何か疲れるようなことをしていたわけでもないのに。

　それでも、とりあえず毎日学校には行っていたので、表面

上は毎日ちゃんとしているように見えていました。

　睡眠の質がどうだろうと、昼の12時ごろに起きて昼間は外で人と会ったりもしていたのです。ですから、自分でさえ、この生活パターンの深刻さに気づいていなかったのです。

不規則な睡眠が、さえない気分の原因だなんて知りませんでした。

　でも、大学を卒業して自分で24時間を回していく生活になったら、めちゃくちゃな1日がハッキリと姿を現してきたのです。これは、1日のどの部分でどういった問題が起きているのか、どんな結果を招いているのかといったわたしの1日を分析してみるきっかけになりました。

　経験上、いえるのは、**1日の中で生活パターンが大きく崩れる四つの区間がある**ということ。逆にいえば、この四つの区間さえちゃんとコントロールできれば、それなりの1日を送れるのです。

　わたしたち「超なまけ者」の場合、はじめっから24時間

生産的に暮らそうなどと思ってはいけません。24時間の1分ごとに神経を使うような余裕はないはずです。

　まずは、**第一目標として、次の四つの区間だけ気をつける**ようにしましょう。

　残りの時間帯はなんだかんだとちゃんと流れていくようになっていますので。

　四つの区間でどんなふうに生活パターンが崩れるのかをチェックして、それについてのわたしなりのソリューションを提示していきますね。

起きた直後が1日の気分を左右する

1日のはじまりは、それはもう超めちゃくちゃ重要です。

この時間をどう過ごすかによって、その日1日をどれくらいアクティブに過ごせるかが決まります。

この区間で何より気をつけるべきは、**「スマートフォン」**です。

起きた直後、みなさんの枕元にスマホがあると、スマホのアラームをすぐに切ってまた寝てしまう確率がかなり高くなります。

なんとか起きたとしても、寝ぼけまなこでどうでもいいようなメールやメッセージなどを確認してボヤッとしたまま10分以上がすぎてしまう。

結局、ぼんやりした意識で1日をはじめるか、あわてて家を出る準備をするかのどちらかになります。ここから何かが

こじれて、1日の密度が一気に低くなっていくわけです。

☑ **目覚まし時計を使う**←❶

☑ **スマホを手の届かないところに置く**←❷

☑ **起床時間前まではスマホにロックをかけておく**←❸

　まず上の三つはおすすめ事項ではなく、必須事項です。

　スマホを一瞬たりとも手放せない職業でない限り、必ず守ってください。スマホにロックをかける方法などはLEVEL6でご紹介します。

　もう一つは以下です。

☑ **起きてすぐに生産的なルーティンをする**←❹

　米海軍大将のウィリアム・マクレイヴンの「ベッドメイキングからはじめなさい」という有名なスピーチをご存じですか？

　わたしはこのスピーチに感銘を受けて、**毎朝の最初のルーティンとしてベッドメイキングをはじめました**。効果は絶大でした。

まっすぐに整った寝具を前に、何か一つやったという気分ではじめる1日と、抜け殻のようになった布団をそのままにして、ばたばたとはじめる1日とでは天と地ほどの差がありました。

　まず朝をはじめる気分と自信からして違いますし、ベッドメイキングという小さな行為がまた別のことを可能にする最初のスイッチになってくれました。

　こうしたベッドメイキングのように、**何か生産的なことで1日をはじめてみましょう**。
　ここに該当するルーティンとは**「やりたくない」とまでは思わない程度に簡単で、「何か前向き」なこと**です。
　いくら役に立つことでも、人はめんどうくさいと長続きしないものです。
　個人的におすすめするルーティンは次のようなものです。この中から一つだけでもよいですし、時間があればいくつか選んでもよいでしょう。

【朝のおすすめルーティン例】

・粘着式クリーナーでフローリングと寝具のほこりを取る

・机の上の整理

・今日の予定確認

・換気＋外の空気を吸う

・ストレッチ、体操

・ミニ瞑想

・お茶、コーヒーを飲む

　生産的なことで1日をはじめると気分もいいものです。

　どんなに小さくてもいいので何か生産的なことをしてみると、今日1日をちゃんと過ごしてみようとモチベーションも高まります。

☑　**遮光カーテンの代わりにアイマスクを使う**←⑤

☑　**起きてすぐに明かりをつける**←⑥

　遮光カーテンはたしかによく眠れるようにしてくれますが、

朝なかなか起きられないという致命的な短所があります。

　遮光カーテンを利用していると、朝、窓際まで行ってカーテンを開けるという行為をしないと目が覚めませんが、アイマスクなら、横になったまま外せばすぐに光が入ってきて目が覚めます。

　窓が小さい場合、ベッドサイドにランプを置いて手を伸ばせばすぐに明かりをつけられるようにしておくのもよいでしょう。

☑ **まず着替える** ← 7

　だらっとしたラクな服は、メンタルもだらっとさせてしまいます。パジャマは文字通りリラックスして休息するためのものです。

　起きてからパジャマのままボーッと座っていたら、また眠くなってしまうのは無理もありません。

　まずベッドから一歩外に出られたのなら、すぐに着替えましょう。カジュアルなスタイルにする日ならすぐに外出用

の服に着替えてもいいですし、スーツのようなしわや汚れが
ついたら困る服を着る場合は、とりあえずジーンズなどに着
替えておきます。近所のコンビニにならそのまま行けるくら
いのいわゆる〝ワンマイルスタイル〟に。

　体を動かして着替えているうちにだんだんと眠気も覚めて、
少しタイトな服を着ると、またしゃきっとしてきます。制服
を着ている時とパジャマを着ている時では、メンタルの状態
ははっきりと違いますよね。
　こんなふうに起きてすぐ着替えるのには、二つの大きな効
果があります。

　着替える効果の一つ目は、**二度寝を防止できること**。
　着替えてしまうと、また横になるのがどうにもはばかられ
ます。それに横になったとしても、着ている服のせいでなか
なかリラックスして眠りにつけない。
　結局、また寝るにはパジャマに着替え直さないとならない
ので、めんどうですし、**せっかく着替えたのだから目が覚め
たついでにこの際動いちゃえ**となるわけです。

二つ目に、**出かけるための準備時間を短縮できます**。

　起きてから時間が経てば経つほど、「学校行くのめんどい」「準備とかだるい」といった気分になってきます。だから準備しながらも、どこか、だらける部分が出てきます。着替えていないと、まずラクな服を脱ぐのがどんどんイヤになるんです。

　そうこうしているうちに、あわてて家を飛び出すはめになったり、遅刻したり、大事なものを忘れて出かけたりしてしまう。

　一方「〜がめんどくさい」という感情がまだ浮かんでいない起床直後に服を着替えておけば、出かける準備の開始もぐっとスムーズになります。

　まずは行動が大事で、服を着替えておきさえすれば、次の外出準備は比較的ラクに進めていけるというわけです

在宅なら昼寝は午後2時までに

　フリーランスや就活中の人、主婦の方たちなど、在宅時間が長い方は「眠いからちょっとだけ休んだあとに活動しようかな？」という誘惑にかられます。

　もちろん、とても疲れている時は、少し休んでから何かをしたほうが効率がいい場合もあるでしょう。

　なので、「昼寝するかどうか？」の最終防衛線を決めてさしあげましょう。

　昼の2時前に起きられるのであれば寝てもよし、そうでないならどんな手段を使ってでも起きていて、夜に寝るのをおすすめします。

　それ以降に昼寝から起きると、少なくとも深夜2時すぎまで眠りにつけなくなりますし、その時間帯がいかに非効率的かは、みなさんもよくご存じだと思います。

自分が目覚まし時計でぱっと起きられるタイプなのか、目覚まし時計が鳴っても切ってしまっていつまでも寝ているタイプなのかは、これまでの経験で判断できるはずです。

　後者ならば、昼寝する代わりに、次の方法を試してみてください。

☑ 昼寝を防ぐ二つの方法

`方法1` → **外でできるアクティビティ（カルチャー講座、運動、予備校、自主勉強、バイトなど）に参加する**

　特にやりたいことがない場合は、カフェや図書館でもいいので出かけます。

　これができない場合は、

`方法2` → **カフェインを適正量摂取する（各自の体質に合わせて）**

　カフェインもとらず家に居続けると、わたしたち超なまけ者の「意志力」だけでは昼寝を防げません。「意志力」を過信しないでください！

休息モードに入る前にすべきこと

　学校で授業を聴いて、あるいは会社で仕事を終えて帰って
くると、外でがんばった分だけ家ではくつろぎたいですよね。

　だからバッグをその辺に放り投げて、着替えもせずスマホ
をちょっといじってからシャワーを浴びなくちゃ、と腰を下
ろした瞬間に、何が起こるのかはもうおわかりですよね。

　**まず「休息モード」に入ってしまうと、シャワーを浴びて、
整理整頓をして、食事をするために立ち上がるのすらめんど
うになります。**

　だから、内心「あ、着替えてシャワー浴びないといけない
のに……」、あるいは「やることあるのに……」と思いつつも、
体は絶対に動きません。だからうしろ髪を引かれつつ、無駄
に時間を過ごし、先延ばしにできるところまで先延ばしにし
てからやっと、ちゃちゃっとシャワー浴びて、そこら辺に服

も脱ぎ散らかしたまま寝ます。

　あるいは、ちょっとだけ休んでからやろうと思っていたのに寝落ちしてしまい、夜中の12時すぎに目を覚ます。最悪の場合は翌朝になっているケースもあります。

　これを解決するにはどうしたらよいのでしょうか？

☑ 休息モードに入る前に整理整頓を終わらせる ◀❶

　帰宅したとたん横になる代わりに、タイマーを15分だけセットしてください。それからタイマーが鳴るまでにバッグを片づけ、服を着替えて、簡単にシャワー（ちょっとした家事含む）など整理整頓をすませてください。

　ここでのポイントは**タイマーを使う**ということ！

　タイマーは自分に明白な開始サインを送り、終了時間までに終わらせるというラインを引いてくれます。

　また、機能のたくさんある学習用タイマーではなく、キッチンタイマーをおすすめします。使い方も簡単なキッチンタ

イマーのほうが、心理的にもハードルがぐっと下がりますから。

　帰宅後休むのは、この15分の整理整頓タイムを終えてからにしましょう。実際に、帰宅直後に**これぐらいのルーティンを終わらせるだけでも、心も体も整う感じがしてくる**はずです。

　そしてまた生産的なマインドで動けますし、ちょっと休むにしても心からリラックスして休めるのです。

　外から帰ってきたまま緊張状態で中途半端に休んだり、何かすべきことをしたりするのと、着替えてシャワーを浴びて家に帰ってきたんだというサインを自分に送ってあげるのとでは、気持ちの持ち方も変わってきます。

✅　やるべきことが残っているなら横にならない←②

　大事なことなので強調しておきます！　帰宅後そのまま横になっては絶対にダメ。

　いくら仕事をしてきて疲れてるからといっても、横になったらダメです！

就寝時間が翌日の過ごし方を決める

			4区間：夜

　どうしても避けられない事情がない限りは、**必ず深夜１時前に寝る**ようにしてください。

　なぜなら深夜１時〜５時という時間帯は、外は真っ暗でわたしたちの判断力や理性もにぶってきます。

　どうでもいいことに没頭し、どうでもいいことが重要になって、すぐには行動に移せない無駄なスケジュールに時間を使ってしまうようになります。

　夜は長いので、非生産的で無意味な時間を過ごしてしまっても罪悪感がありません。

　深夜帯は総体的に時間の密度が低く、自分にとってネガティブな時間を過ごす確率が高いのです。ひと言でいうなら非効率的で、ネガティブで、どうでもいい考えや行動の97％

はこの深夜に発生します。

　でもわたしたちが何時に寝るかは１〜３区間（朝〜夕方）の過ごし方ですでに60％ほど決まります。

　もし昼の12時に起きて夕方６時まで昼寝をしてしまったら、今日早く寝るのはあきらめて明日１〜３区間から改めてはじめてください。

　ここからは１〜３区間をきちんとやりとげたという前提のもとにお話ししますね。

　今日は運よく早起きして昼寝もせず、１日を無駄なく過ごしたとしても、まだスマホやパソコンといった危険要因が残っています。これらによってまた就寝時間が遅くなり生活パターンが崩れてしまう可能性は高いのです。

　これを防ぐ方法は次のようなものです。

　✅　今日立てたスケジュールは何がなんでも夜12時前までに終わらせる（どうしても避けられない事情がある場合を除いて）◀①

ときどき、今日のスケジュールをこなせなかったからと、欲張って真夜中まで続けようとする人たちがいますが「今日」というのは夜12時までです。改めて強調します。

「今日」は夜12時までです！

　この時間までできなかったことは、きっぱりあきらめて、翌日に起きて新しい気持ちで新たなスケジュールを立ててください。

　夜12時をすぎてもまだ何かをしようというのは、デメリットのほうがはるかに大きいです。夜12時をすぎると仕事の効率も急速に落ちてきます。

　今日のスケジュールを終わらせようとしたつもりがスマホやパソコン、テレビ、ゲーム、夜食などにはまる危険も十分に高いですし、夜12時までという最終防御ラインがないとすべきことを先延ばしにしてしまうのです。

　ですので、残念ですが夜12時になったらきっぱり手を離しましょう。

☑ **夜12時以降、スマホやパソコンを使わない←②**

☑ **スマホは手の届かないところに置いて寝る←③**

☑ **眠る前にスマホにロックをかけておく←④**

　朝の区間に行うこととかぶりますが、重要なのでくり返します。

　起床のためのアラームを設定するという言い訳でスマホを枕元に置いたら、何が起こるか、もうみなさんおわかりだと思います。

　ほんとに10分だけ見て寝るつもりだったのに、アップされたばかりのウェブ漫画も見なくちゃだし、そうしてたらウェブ漫画の下に出てきた広告をタップして衝動買いもするはめに。突然思い浮かんだニュースも検索し、やたら感傷的になって昔付きあってた人のSNSをチェックして……次から次へと気づけば30分以上スマホを見ていて、だんだん眠気も覚めてくるのです。

　スマホを見ている間、明るい光や情報がひたすらわたしたちを刺激するので、脳は休めず、寝る時間が遅くなるのは至

極当然なのです。スマホが睡眠を妨げ、睡眠パターンを崩してしまうという研究結果はあまりにもたくさんあって、あえてここで引用する必要もないくらいです。

　まずは**スマホを遠く手の届かないところに置いて寝るか、同居人に渡しておくか、本人の意志がそれだけでは足りないなら各種遮断アプリなどを使う**のもおすすめです。

　わたしは、夜12時から朝8時までは自動的にスマホがロックされるように設定しておいて、時には、決めておいた時間までは開けられない箱に入れておく場合もあります。そのためのグッズはLEVEL 6でご紹介します。

☑ 夜9時前には寝ない←⑤

「生活パターンを変えるんだ」と決めた初日をシミュレーションしてみましょうか。
　前の晩にいつも通り遅い時間にベッドに入ったものの、それでも残っていた「意志力」を総動員してやっと早起きをし

ました。

　案の定、コンディションはいまいちでしたが、コーヒーを飲むなり外に出るなりして、昼寝の誘惑もどうにかこうにかがまんできました。

　でも、本当のハードルはここからなんです。そうでなくてもあまり寝ていないうえにいつもと違って昼寝もしなかったので夜7時ごろから、ものすごい眠気が押し寄せてくるのです。

　その時に「あ、今からぐっすり寝て、明日の朝早く起きたらダメかな」という心の声が聞こえてきますが、絶対にダメです。

夜の7時〜8時ごろについ寝てしまうと、夜遅くの11時〜1時ごろにトイレに行きたくなったり、喉が渇いたり、お腹が空いたりして、中途半端に目を覚ます可能性がめちゃくちゃ高いんです。そこで起きてしまったら最後、もう朝方5時前までは眠れないと思っていいでしょう。

　しかし、夜9時前に寝ないようにしようとして、コーヒー

を飲むと、夜遅くになっても眠れなくなるかもしれないので、コーヒーの代わりに友人と会ったりして、帰宅時間を遅らせる手もあります。

　もちろん1人で映画を観たり、カフェで過ごしたりするのもおすすめです。

　もし、同居人がいるのなら、監視を頼んだり、もし昼寝や夕寝をしすぎたら起こしてもらうなどしてもいいでしょう。

LEVEL 3

ルーティンを作れば
動ける

スケジュールがないと次に何をするべきかいつまでも決定し続け
なければならず、やるべきことや、できることを考えようとするの
で注意力が散漫になる。
でも、完全にスケジュールされた1日というのはその時間に集中す
る自由を与えてくれる。
次に何をするのか考える代わりに、それをどうやるかに集中でき
るのだ。

（ジェイク・ナップ、ジョン・ゼラツキー
『時間術大全　人生が本当に変わる「87の時間ワザ」』）

スケジュールは書いてこそスケジュールだ

　ライフスタイルの次に直すのは「スケジュールの立て方」です。

　わたし自身、スケジュールの立て方をかなり試行錯誤しました。

　ごく最近までわたしは、愚かにもスケジュールをスマホのアプリや紙の手帳などにほとんど書いていませんでした。

　その代わり「今日は何をいつどうするんだっけ？」と頭の中でだけ考えることを、スケジューリングだと思い込んでいたんですよね。

　それでいて、やるつもりでいたスケジュールをこなせないと、うまくできなかったと自分を責めて時間を無駄に使っていました。

スケジュールは書いてこそスケジュールになります。

　書かずに頭の中にあるだけじゃ、単なる雑念にすぎません。頭の中に入っているだけのスケジュールは、「来年スペインに旅行しようかな？」という漠然とした願いと似たレベルにすぎないわけです。大切なので二度言いますね。

　スケジュールは書いてこそスケジュールになるのです。

　スケジュールを書かないままだと、「○○をしないといけないのに」などと雑多な考え事が頭の中にやたらと浮かんできます。

　仕事や家事をこなしながらも、「次にすべきことがなんだったのか」を考えているので、不必要なエネルギーを使うはめになって効率が下がるんです。

　すべきことをしているにもかかわらず、常にもっと何かしなくちゃいけないような感覚があって、ほかにやることは何だったのか思い出せなくなる場合もあります。

それに、やろうとしていたことの達成度も目に見える形ではチェックしづらくなります。

　脳は一度に一定の数以上の情報を処理するのは苦手で、スケジュールが頭の中にあるだけでは、手当たり次第に仕事をするだけで、優先順位もはっきりしないのです。

　一方、スケジュールを書くと、脳がやるべきことを紙にアウトソーシングするので、タスクを管理するエネルギーを節約できます。何より**スケジュールを立てて、こなして、完了のチェックをつける過程で、自分自身の問題点や限界値を把握できる**のです。

　この過程をくり返せば、やるべきことをスケジューリングして書いて実行していく大切な感覚を身につけられます。

　スケジュールを書いてからやりとげると、それだけの達成感が味わえますし、できなかったらできなかったなりに改善点が目に見えてきます。

　逆に頭の中で思っているだけだと、成しとげた時の達成感も、できなかった時の改善点もぼんやりと曖昧なままです。

だから、まずスマホのアプリや紙の手帳に何か予定を書く、と決めて次の段階に向かいます。

　わたしたち超なまけ者は、最初っからスケジュールを書かなかったわけじゃないんです。

　むしろ、わたしたちはほかの誰よりもたくさんのスケジュール帳を買って、さまざまなスケジュール表作成を試みてきました。

　でも、やる気まんまんでいろんな機能のついたスケジュール帳を買っても、1週間以上書き続けられなかった人も多いはずです。

　なぜなら、多機能のスケジュール帳はわたしたちのための製品じゃないから。

　10分単位の記録欄、1日24時間のスケジュール表といった機能的なスケジュール帳は、勤勉で計画的なビジネスマンが使うものです！

　超なまけ者たちには、「（月、週、日ごとの）やることリスト」以外の機能は贅沢にすぎないといってもいいでしょう。

超なまけ者のためのスケジュールの立て方

　今から、なまけ者がスケジュールを立てる際のごく主観的なヒントをいくつかご紹介しましょう。

　すでに自分に合ったスケジュールの立て方をお持ちの方はスキップしていただいてかまいません。

✅　今日やることのページを探すのに3秒以上かかったらダメ

一番重要な部分です。「今日やること」が書いてあるページは何度も開かないとダメです。

スケジュールを立てる時点でまずページを開いて、その後、移動する時、残りの仕事を確認する時、やるべきことを終えて印をつける時も開かないといけません。

でも、このページを探すのに時間がかかると、だんだんめんどくさくなります。**「めんどくさい」という気持ちはご存じの通り、我々の最大の敵です**。

いつからかスケジュールを立てるのを先延ばしにするようになって、気がつけばスケジュール帳は1週間使っただけのただのノートになってしまうのです。

スマホやパソコンで、スケジュールアプリを使う場合も同様です。アプリを開くために、フォルダを探しているようではダメ。アプリはデスクトップに置くなどしてすぐに開けるようにしておいてください。

✅ スケジュール帳は持ち歩きやすいものがいい

　超なまけ者たちに小さくて軽いスケジュール帳をおすすめする理由は、大きく二つあります。

　まず最初に、物理的な理由です。

　スケジュールを書く習慣をつけるためには、やるべきことを書く→実行する→完了のチェックをつけるというパターンがくり返されないといけません。

　でも**スケジュール帳が大きかったり重たかったりすると、持ち運びに不便**ですし、外で仕事を終えてから「あ、あとで家に帰って書かなきゃ」と思っても絶対にあとでやらないのです。書くのを一つ二つと先送りしはじめると、どうなるか、もうご存じですよね。

　二つ目は心理的な理由です。

　重たくて大きなスケジュール帳はわたしたちの気弱な心にプレッシャーとなります。

　わたしの場合、そういう重いスケジュール帳を購入した時は、なんとなく「一生懸命生きてる人」みたいな気分になれ

ました。

　でも、それも一瞬で、いざスケジュール帳を前にすると、巨大な表紙と厚さに気後れしてしまうのです。勇気を出してページを開いたとしても、「空白を埋めなくちゃ」とまた気が重くなります。

　そうこうしているうちにだんだんとスケジュール帳から手が遠のき、いつしかまたスケジュール段階そのものでつまずいてしまうのです。

　それから超なまけ者たちはまだ習慣が身についていないので、スケジュール内容を何度も忘れたり、先延ばしにしてしまったり、それなのに日付の入った空欄が残っていると不安になったりします。

　その点、薄くて日付がないスケジュール帳ならば、スケジュールを立てるのに失敗したり、スケジュールが遅れたりしてもそれほどプレッシャーにはならないはずです。

　わたしたち超なまけ者には、３カ月など短期間の薄いスケ

ジュール帳のほうが気楽です（韓国では3カ月分の薄いスケジュール帳がよく売っています）。

　薄型のスケジュール帳を確実に使いこなせるようになったら、ぶ厚いスケジュール帳に移っても大丈夫です。

✅ よぶんなスペースや区わけ欄のないものを使う

幼稚園児レベルのわたしたちには、「マンスリー（ウィークリー、デイリー）」のスケジュール欄と「今日やることリスト」だけで十分です。

　10分単位で自分が何をしたのかチェックしたり、24時間のスケジュールを立てたりするのはめんどうでやらなくなります。

　そういう機能性タイプの欄は使わなくても空欄のまま残っているだけでなんとなく気になるもので、スケジュールを立てる時の邪魔になります。

　この手のスケジュール帳は、少なくとも中級レベルの自己管理能力を持った人が使うものです。自分の生活パターン、

仕事をはじめるまでにかかる時間、それぞれの仕事にかかる平均時間などを把握しているレベルで、生活が体系的で自分をよくわかっている人なら機能が多いスケジュール帳でも使えるでしょう。

　それから、**今日の「やることリスト」を書く時も、仕事、勉強、家事などカテゴリーを細かくわけてはダメです。**

　整理整頓のできない人は、引き出しがいくらたくさんあっても整理できませんし、引き出しが小さすぎてもまた整理できないものです。

　本人のライフスタイルにあわせて、「やることリスト」は最大三つまでのカテゴリーがあれば十分でしょう。最大三つにまとめるために、カテゴリー例をご紹介しておきましょう。

・**勉強**：インターネット講義、問題集、課題など
・**職場業務**：メールチェック、報告書作成など
・**その他雑務**：家事、買い物リスト作成など

・**自己啓発**：運動、趣味など

・**人付きあい**：友人と会う、親戚の集まりなど

☑ **一度に１日分のスケジュールだけ立てる**

前日の夜か当日の朝に、その日１日のスケジュールだけを立てるようにしましょう。

　わたしたちにはまだ１週間、あるいはひと月分のスケジューリングはいりません。

　なぜなら、１日のスケジュールを予定通りこなすのもいっぱいいっぱいだからです。１日のスケジュールを80％以上着実に達成できるぐらいの「意志力」と誠実さを手に入れてから、１週間分のスケジュールを立てはじめても遅くありません。

　とはいえ、「全体的な見通しも立てたい」と思われる気持ちもよくわかります。１週間分のスケジュールを細かく立てたいと思うのも無理はありません。

　でも、そうすると途中でスケジュールがつまってしまう日

が出てきやすいですし、1日のスケジュールが押してしまう
と、翌日のスケジュールも押します。

　結局、最初から1日分だけ立てようと、1週間分立てよう
と、明日の予定は同じ内容ばかりになってしまいます。
　それでも「全体的な見通しも立てたい」というのであれば、
やるべき全体量だけまず別の欄に書いておきましょう。
　全体量をわけて日付で割り振っていくという行為だけは、
幼稚園児レベルでは決してやらないようにしてください。
　ここまで読まれて「あ、だから自分はスケジュールを立て
られずいつも挫折してたのか」と思いましたか？
　それでご自身にぴったりのスケジュールの立て方がわかっ
たら、今度はどうすればよいのでしょうか？
　それをこれから説明します。

　次の項目でご紹介するのは、**「とことん小さい目標を立てる」
ことの必要性**とその例です。
　わたしたちの「意志力」はなんて言いましたっけ？
　そう、「幼稚園児レベル」でしたよね。幼稚園児に何かや

らせるためにはどうしたらいいでしょうか？

　最初から8時間勉強させる？

　それができなければ叱りつけてでもやらせる？

　はたまたお隣の成人と能力まで比べるですって？

　ありえませんよね。

　でも、今までわたしたちは小さくてか弱い幼稚園児の「意志力」にもかかわらず、無理しようとしてきました。

　過酷だったあのすぎ去った日々を反省し、次に進んでみましょうか。

幼稚園児を育てるマインドで自分を育てる

　何かを習慣として身につけるには、自分で自分をやさしく
おだてる次のような方法も使わないとなりません。

- ☑　まずは小さくて簡単なものから、少しずつはじめて
　　徐々に慣れさせていく
- ☑　できたらめいっぱい褒めてご褒美も用意し、何かを達成
　　する喜びを体験させる

　反対に次のことだけはやめておきましょう。

- ☑　最初から無理な目標を立てて、何がなんでもやらせよう
　　とする
- ☑　失敗した時に叱ったり罰を与える

はじめから**無理な目標を立てると、十中八九、達成できませんし自己嫌悪に陥ります**。それに無理して目標達成したとしても、長期的には続けられないうえ、それ自体を「やりたくない」気持ちが芽生えてしまいます。

　この「やりたくない」モードになってしまうと、かなりハードルが上がってしまい、次はもっとやりにくくなります。
　もちろん、ダメだった時に他人から罰を与えられることも効果はあります。だからこそ、さまざまな勉強会や寮つきの予備校などがあるわけです。

　でも、本人が自分で管理する場合は、この方法では非効率です。自分で自分を叱ったところでたいして響きませんし、行動を正せるところか、ただ気分が悪くなるだけ。
　それに自分の問題点を把握できず、改善策も見いだせないまま、意欲はどんどん低下する悪循環に陥ってしまうでしょう。
　前述した**「自分をおだてる方法」を、なまけ者のわたしたちに適用すればよいのです**。

小さくて気軽な目標が大切な理由

　周囲のまめで勤勉な人たちはどのようにして勤勉になったのでしょう？　勉強、運動、仕事、どれも大変なのに、やりたくなくてもがまんし続けて耐えているのでしょうか？

　そうじゃありません。

　そんなわけがないのです。

　わたしが思うに、一生懸命な人たちが一生懸命になれる理由は二つです。

　一つは、なんとなく、**幼少期・成長期の環境や遺伝**で、まじめに生きる習慣が身についていて、どんどん難易度の高いこともできる能力を育てていった（慣性といってもいいでしょう）。

　もう一つは、いくつかの成功体験を経て、**「達成感を得る」という内側から湧き起こるモチベーションが蓄積**したケース

です。

　前者のようにわたしたちがなんとなくまじめに暮らすというのは不可能なので、後者のまあそれなりにできそうな目標をかかげる戦略のほうが有効でしょう。

　「達成感」にはさまざまな種類があります。

　まず、やるべきことをその日こなしたという「短期的な達成感」があります。

　有益な活動をして自分が少しずつ発展していくという「長期的な達成感」もあります。

　あるいは、試験や大会などで好成績を収めるといった「大きな達成感」もありますよね。

　こうしたさまざまな達成感を得るにつれ、全般的な自尊感、自己効力感や自己信頼が高まってきます。

　でも、わたしたちはこれまで目の前のやるべきことを避けて短期的な楽しみばかりを追いかけ、たわいもない楽しみとは完全に異なる高レベルな達成感はほとんど得られませんでした。

だから、ちょっとした楽しみをあきらめて大変なことを一生懸命やっている人を見ると、「なんてすごいんだろう」「自分はとてもじゃないけど無理だ」「自分とは遺伝子からして違うんだろう」と思ってしまうのです。

　でも、**彼らは達成感という楽しみを求めているのだと気づき、そして自分も達成感を実際に何度か得ると、なぜ彼らが一生懸命やっているのかわかるようになります**。

　小さくて気軽な目標を立てて、幼稚園児レベルの「意志力」を持ったわたしたちも、今すぐ達成感を味わえるようにするのがポイントです。

✅　小さくて気軽な目標を立てる

　今すぐ達成感を味わう方法はめちゃくちゃ簡単です。

　まず、わたしたちは初級レベルですので、「やろう！」と思ってからすぐに実行できる目標ならなんでもいいです。

　つまり、無意識ですぐに処理できる程度の、身についていないあらゆることを目標にできるのです。

　たとえば次のようなものです。

☑ 爪切り、仕事帰りに牛乳を買う、ベッドメイキングなど を目標にする

「え、これが目標?」という声が聞こえてきます。

でも幼稚園児レベルで大切なのは、目標がいかにそれっぽいかです。その目標を達成すると何が得られるか、ではないのです。

ここでは、文字を書いてスケジュールを立て、実行して、完了の印をつける感覚に慣れること、そして小さな達成感を得て好循環を作ることがポイントになります。

ここで挙げた目標は、正直いって、失敗するほうが難しい目標でもあります。

でも、すべて終えると、ささやかながらもはっきりと達成感が生まれて、今日1日でとりあえず何か計画し、やりとげたんだ、と目で見て確かめられます。

もちろん、大きな達成感を感じられればそれに越したこと

はないですが、**大きな達成感とはビッグタスクをやりとげた時に得られるものです**。超なまけ者のわたしたちに、それを一度でやれるような力量はまだありません。

わたしたちの「意志力」が成人レベルになるまでは、**小さな達成感で満足しておきましょう**。

✅ 小さくても長期的な目標を設定する

この内容をゲームに例えるならば、「コインを10枚集める」といったような一時的なサブクエストのようなものです。もちろん、コインを集めるのも重要です。

でも、もっと効果的にわたしたちを変化させる方法は、メインクエストです。

毎日あるいは一定周期で達成すればよい小さな目標を設定してみましょう。徐々にライフスタイルのバランスがとれてきて、それなりに体系ができてきます。

以下におすすめの目標例を挙げておきましょう。

・朝起きてストレッチをする

・食後にビタミン剤を摂取する

・本を5ページ読む

・帰宅後に上着をハンガーにかける

・就寝前に机を整理する

・スクワット20回

　これらもみな適切なフォーマットに記録しておいてください。Googleで「ハビットトラッカー（習慣化したいことを毎日書き留めるチェックリスト）」で検索してフォーマットを印刷して使うのもいいですし、「習慣の作り方」で検索して出てくるアプリを利用するのもいいですし、スマホのメモ機能を使ってもよいでしょう。

　なんであれ、実行したかどうかをチェックすることが大切です。

　わたしはこうしたメインクエストをやりとげながら、例えるならば、毎日のルーティンがブックエンドとしての役割を担ってくれたおかげで、1日がバランスよく周期的に流れて

いくのを感じられました。

大きな机（1日の時間）にブックエンド（ルーティン）が一つもないと、本（やるべきこと）が勝手に崩れてしまうのです。ブックエンドを一つ、二つ立てておけば、その間で本は倒れず、バランスを保っていられます。

周期的な目標を実行して自分の生活を最適化してみると、結局同じルーティンは一定の時間帯に実行する確率が高いのです。

ベッドメイキングは起きてすぐ、ビタミン剤摂取は朝食後、筆写（本の写し書き）は午後3時ごろ、机の整理は寝る前にといった具合に。

そうやって決められた**ルーティンは24時間という長い時間をわけてくれる仕切りになり、別の行動を呼び起こすサインになってくれます**。そして、決まった時間帯のやるべきことを基準に、いくつかのルーティンを規則的に配列できるようにもなるのです。

LEVEL 4

人は簡単なことは続ける

あなたは指示されたことをやったことのない最悪のスタッフであり、
不可能な業務ばかりを強要する最悪の社長ということになる。

（ジョーダン・ピーターソン『生き抜くための 12 のルール』）

やるべきことを細分化する技術

　前の LEVEL 3 では、簡単で手軽な目標設定が重要だとお話ししました。

　でも、わたしたちはもう大人なので、簡単で手軽なことだけで生きていくわけにはいきません。

　誰にでも勉強、運動、家事、業務といった、大変でめんどうくさいけれどやらなければならないことがあります。

　それならば、すべきことを、自分の力量に合わせて細かくわけてみてください。

　細分化する方法は二つあります。

　すべてに段階ごとの手続きが明確にあるものは、「作業過程」でわければいいですし、読書、インターネット講義の受講のような同一業務がくり返される場合は、「分量」でわけると

効果的です。

　もちろん「レポート完成」という課題をいくら細分化したところで、結局一定量のレポートを完成させなければならないことには変わりありません。

　でも、「レポート完成」というタイトルを思い浮かべる瞬間、わたしたちはパイナップルを丸ごとひと口で食べなければならないようなプレッシャーを感じるのです。
　そういう時は、自分が食べられる分だけ、つまりコントロールできるだけの業務に細分化します。

　その過程で、パイナップルのへたを切って、皮をむいて、果肉をひと口サイズに切っていくのです。

「大掃除」という単語は使わずに、
ゴム手袋をはめる

　つまり、自分が「やりたくない」気持ちにならないよう、それを思い浮かべた時に心理的抵抗感を感じないぐらいのサイズに細分化します。最初は想像以上のサイズに細かくわけないとならないはずです。

　たとえば、インターネット講義を受けるのならば「まず10分だけ聴く」と考えて、もしそれも無理なら5分だけにします。
　読むべき本は1章、それでも多いならば10ページ。
　運動をするのならばウォーキング5分、スクワット10回からはじめるのです。
　家事は皿洗い→まずゴム手袋をはめる、掃除→机の上にあるモノをとりあえず引き出しにしまうなどなど。

自分の「意志力」レベルに合わせて調整してください。

このように目標を小さく設定しても、一度はじめたらしめたもので、「もう少しやろう」となります。

かといって目標を「10分やる」に設定したにもかかわらず、「やっぱり1時間やらなきゃ」などと心の中で大きな目標を立ててはいけません。1時間できなかった時に、自分にがっかりしてしまうからです。

大切なのは、そのやるべきタスクをやりたくないと思わないこと。小さいタスクを遂行していくと、もう少し大きな、もう少し強度の高いタスクをこなす力も徐々についてきます。

また、くり返される業務を細分化して実行してみると、それに対する概要がつかめます。

わたしの場合、皿洗いがとにかく大嫌いだったので、そのたびに頭の中でゆっくりと洗い物をする過程を細分化しました。

ゴム手袋をはめる→スポンジに洗剤をつける→食器をこす

　こんなふうに手順をわけて考えると、皿洗いに対する漠然
としたプレッシャーがちょっと影をひそめます。

　そして、まずゴム手袋をはめてみて、「それでもイヤなら
ちょっと休もう」とはじめられるのです。もしも、やりたく
なければゴム手袋をはめたまま休み、気力が残っていたらス
ポンジに洗剤をつけます。

　もう一つ例を挙げてみましょうか?

「大掃除をしなくちゃ」と思うと、まず息がつまってきます。
「大掃除」という言葉を聞いた瞬間、トイレの水垢、ベッド
の上に積み上げられた服、本でぎゅうぎゅうになった本棚な
ど、ぐちゃぐちゃな家の様子が頭をよぎります。

　心理的プレッシャーとやりたくない気持ちが超スピードで
大きくなっていきます。

　そういう時は、大掃除という業務を次のように細かくわけ
てみてください!

　わたしは「Dynalist (ダイナリスト)」または「WorkFlowy

（ワークフロイー）」というスマホのアウトライナーアプリを使って下記のように細かくわけています。どちらのアプリも日本語未対応で有料版と無料版があります（2023年10月時点）。

【大掃除の細分化の例】

リビング

・ごみ捨て

・器、本は元の場所に戻す

・掃除機をかける

寝室

・掃除機をかける

・粘着式クリーナーで寝具のホコリとり

・こまごましたモノを元の場所に戻す

キッチン

・皿洗い

・冷蔵庫整理（食べないモノは捨てよう）

・シンクの油汚れを落とす

バスルーム／トイレ

・タイル掃除

・カビとり

・便器掃除

・歯ブラシ消毒

・ごみ捨て

　細分化すると仕事が増えるような気がするですって？

　これを**すべて今すぐやれというわけじゃありません。体は一つなんですから、一度にできることは一つだけ**。

　今やること以外のタスクは思い切って消して、脳のメモリ消費を減らしましょう。

大掃除

　大掃除という単語もかなりプレッシャーになりますよね。この単語も使わないようにしましょう。

さあ、上記のように細分化したら、これぐらいならできる気がしませんか？

　それじゃこのうちの二つぐらいは適当にやっつけてみましょう。

　実際にやってみると、勢いがついてリビングの掃除ぐらいは十中八九、手をつけるようになるはずですし、そうじゃなくても全然気にしなくていいです。

　ともかく、目標はすべてクリアし、気力が残っていたらほかのことももっとやればよいのです。

　エネルギーがなければおやつを食べたり、昼寝をしてエネルギーを補充してから、新たな気持ちで寝室の掃除に挑戦してみましょう。

簡単そうに見えることは
先延ばしにしない

　先ほどもお話ししたように、細分化したからといってやるべきことの全体量が減るわけじゃありません。

　でも、心理的なプレッシャーが減り、とにかく手をつけられるようになり、「はじめた」という事実に勢いがつき、持続可能なラインでタスクを続けられるようになるのです。

　例を一つ挙げてみましょう。

　中国の近代史のある事件についての要約レポートを書く、と仮定してみます。

　論文も引用しないとだし、関連書籍も読まなくちゃだし、まずどんな本を読むのかも決めないといけません。

　ただ読むだけじゃなくて、チャプターごとに重要な部分を要約しなければいけません。しかし、まだパソコンのモニタ

ーには白いページしか映っていないのに、７ページもどうやって埋めればいいのでしょうか。

　一瞬やりたくないと思いますよね。読んでいてもイヤになりますし。

　さあ、それじゃこの「中国近代史のレポート」のプロセスを以下のように細分化してみましょう。

【中国近代化史のレポート作成の細分化】

★事前資料リサーチ

　●論文を探す

　　・パソコンをつける

　　・論文サイトにアクセス＋検索

　　・５件、ダウンロードしておく

　　・読んで必要な部分を抜粋

　●参考図書を読む

　　・参考図書を読む

　　・図書館で借りてくる

　　・章ごとに抜粋しておく

★レポート作成

- ●ワードファイル／フォルダ作成
- ●表紙作成
- ●序論ざっくり書く
- ●本論ざっくり書く
- ●結論ざっくり書く
- ●脱稿＋誤字脱字チェック
- ●プリントアウト

　細分化が終わったら、大掃除の時と同じように、「今日や
ること」だけいくつか選んでください。

　わたしだったら、課題が出された初日に資料用フォルダと、
レポートのタイトルを書いたファイルを作り、参考図書は何
を借りるのか検索して決めるぐらいまではするかもしれませ
ん。

　それぞれの過程を完了したらチェックマークをつけて、視
覚的に達成感を感じるようにします。本当は20分もかから
ないことなのに、こうするだけでも「はじめた！」というこ

とがきっかけになってレポートをいつまでも先延ばしにする確率は減ります。

もし何もしないうちに、レポートの締め切りが明日に迫ってきたらどうしたらよいでしょうか？　当然1日でできるはずがありません！

できたとしても、精神的に完全に燃え尽きてしまうでしょう。

ですから、超なまけ者たちは、一度に負担のない分量だけやる代わりに、**作業期間を生まれつきまじめな人たちよりも長めにとっておきましょう。**

でないと短い期間に無理にがんばろうとして挫折しかねないですし、次に似たミッションをやる時に、かなり心理的プレッシャーを感じてしまうからです。

それから、目標を立てる時に「**完成、終わらせる、マスターする、完璧に、ちゃんと**」といった表現を使わないようにするとよいでしょう。

こういう表現は、わたしたちの豆腐メンタルに強いプレッシャーになりますので。その代わり「適当、とりあえず、ちょっとでも」といったゆるめの表現を愛用するようにしましょう。

　こうすると得られるメリットがもう一つあるんです。
　先延ばしにする時間を最大限減らすと、やるべきことをすぐに片づける習慣を身につけられます。
　ミッションを細分化にすると、小さなことに最大限集中できるようになるのです。
　今やっている小さな一つひとつをやり抜く練習になる、とお考えいただくといいかもしれません。

皿洗いを先延ばしにしなければ、
履歴書もすぐ書ける

「今すぐ皿洗いをすること」と、「今すぐ履歴書を書くこと」
は何の関係もないように見えますよね。
「ふきんをていねいに洗って水気をぎゅっと絞る」のと「レ
ポートをちゃんと終わらせること」は全く別の次元のように
思えるはずです。

　でも、人生は思うよりも広い部分で共通しているのです。
重要なことを行う方法が知りたいなら、目の前の小さなこと
をどんなふうに処理するのか自分で観察してみてください。

　最悪な時間の使い方は、集中できないままミッションを遂
行するパターンです。二つのことを同時にしたり、今やって
いる内容と関係のないことを考えながらミッションを遂行す

ると、その時間はぼんやりと流れていってしまいます。

　実は、**どんなものにもそれぞれの持つおもしろさや、やりがいが隠れているものです**（たとえ皿洗いであっても）。
　でも、**集中しないと、そのおもしろさを感じにくく、楽しくこなせません**。集中しないと、努力しても成果が出ないので、さらにおもしろくなくなって、やりたくなくなるという悪循環に陥るのです。

　結局、時間ばかり使って、やったような、やっていないような、中途半端な仕事になってしまいます。
　むしろ、その時間に心置きなく遊んだほうがよほど楽しかったはずです。
　心の中がほかの考え事でいっぱいなのに、いくらおもしろくていいものを与えられても、そのよさを感じられませんよね？
　心の中が深刻な心配事やネガティブな感情でいっぱいであれば、いくらおいしいものを食べてもそのおいしさを味わえませんし、おもしろい映画を観ている間もどこか上の空にな

ってしまうものです。

　同じように、**今やっていることに集中していないと、頭の中もすっきりしないし、仕事の効率も確実に落ちていきます**。

　頭の中が非効率的に回っているのです。メンタルが忙しいのです。

　ですからとりあえずなんでもいいからやって、一生懸命時間を過ごしているような気はするのに、いざ終わってみると何も残っていないのです。

変化のための時間は 25 分

　わたしは**25分程度だけ物事に集中できるのであれば、日常生活で一般的な業務を遂行するのに大きな問題はない**と思います。

　25分間集中して、少し休んでからまた25分集中すればよいのですから。たくさんのことを一度にやらなければというあせりを捨てて、一度に一つずつだけ処理する習慣を作ってみましょう。

　いっぺんにいろいろ適当にやる代わりに、少しの分量でも誠実に向き合う練習をしてみるのです。

　集中するための大原則を三つご紹介します。

原則1 → **二つのことを同時にやらない**

　特に、**重要なことをする時は、ほかのことも一緒にやろうとしないでください**。

　ただし、

「退屈しのぎ用の刺激」＋

「完全に身についている単純なくり返し業務」

（例：テレビを観ながらにんにくの皮むき、ラジオを聞きながら運転、音楽を聴きながらジョギング）

　のような単純な作業の組み合わせならよいのです。

　が、それ以外で、二つのことを一度にやろうとしないでください。

　とにかくなるべく二つのことを同時にやらないこと。

　いいからしないでください！

　一つが考えなければならない仕事ならば、別のことを同時にすると、脳の効率は急激に下がります。

　とはいえ、「ちょっとしたタスクなら同時に二つこなし、大きなことをする時だけ一つに集中すればよいのでは」と思

いますよね。

　でも、わたしは何かをする瞬間が集中力を養うチャンスだととらえています。習慣は日々の行動や考え方によって形成されます。わたしたちが望む望まないにかかわらずです。

　ふだん、==ささいなことに集中できない人は、大きなことにも集中できない確率が高い==のです。

　それから、超短時間にいくつものことを次々に行う==「タスクスイッチング（Task switching）」==も、二つのことを同時にやっているのと一緒です。

　ほかのサイトをチェックし、メッセージをチェックしながらレポートを書いたりするのも控えましょう。

原則2 ➡ 仕事中はほかのことを考えない

　実は、この部分が前述したことよりもはるかに難しいのです。マルチタスキングを防ぐためには、最初のスタート段階でほかに手を出してしてしまったら終わりです。わたしたちは、業務中ずっと邪魔してくる雑念と闘って、考えや感情を

管理しなくてはならないからです。

　わたしはあれこれかなり考え事をするタイプなので、この原則がなかなか守れなくて、今もこの部分を改善するために努力しています。

　この原稿を書いている今この瞬間も、

「スマホをいじりたい、おなか空いた、旅行のプランを立てないと、明日遊びに行けたらいいな、あ、あとで牛乳買ってこないと、一瞬カカオトーク（メッセンジャーアプリ）チェックしようかな」

　と、実にさまざまな考えが浮かんできます。

　この中で、一瞬ですぎ去る考え事ならば自然とすぎるのを待てばよいのです。

　でも、「今すぐ爪を切りたい」とか、「夜食を食べたい」という思いが頭の中からなかなか消えない場合は？

　その場合は**思い浮かぶたびに「夜食を食べたい」などと紙に書いておいて、「あとでやろう」、あるいは「あとで考えよう」と口にしてみてください**。

「やるべきこと」と「やりたいこと」を紙に書いておけば、

脳ではそれ以上もう処理する必要はないので、雑念がすっと消えていきます。

　そしてやるべきことを終えてから、書いた紙に完了のチェックマークをつければよいのです。

原則3 → ネガティブなことが頭に浮かんだら、紙に書いてみる

「不安」「心配」「後悔」といったネガティブな感情は、もっともコントロールしにくいもの。単純な考え事に比べたら、ネガティブな感情には何か意味のありそうなストーリーがあって、比較的、長時間続くうえにどんどん大きくふくれやすいのです。そうでなくとも足りないメンタルのエネルギーが、ひどく消耗させられます。

　どうであれ、**ネガティブな感情をずらっとリストにして書いてみてください。**

　日ごろ、わたしたちはたくさんのことを考えているように

思えますが、書いてみると驚くことにいくつかのパターンがくり返されている点に気づくはずです。

ネガティブな感情を全部書いてみましたか？
そうしたら今度は**自分の心配事と後悔を解消するために、今すぐできる実践的な解決策があるのかを考えてみましょう**。
そして、そこに書いたネガティブな感情に、本当に今のように時間を費やす価値があるのかどうかよく考えてみてください。
また、ネガティブ感情に飲まれてしまったら、後悔するだけでなくそこから得られる学びも書いてみましょう。
こうしてすべて書き終えて**自分なりの整理が終わったら、プリントアウトするなり、写真を撮って自分のメッセンジャーに送っておくなりして、いつでも書いたことを見られるようにしてください**。

そして、やるべきことをやっている途中に雑念が頭に浮かんだら、「すでに紙に書いた」と思って、「今すぐできることは何もないし、それだけの時間を費やす価値がないと結論を

下した処理済みの案件なんだ」と肝に銘じてください。

　そうすれば、その雑念は力を失って静かに消え去っていきます。

　ささいなことですけど、ネガティブな感情のコントロールには「時間制限法」も思いのほか効果があったので、以下にシェアしますね。

「時間制限法」は、

「15分だけめいっぱい心配する」

「今すべき心配事でないなら、ひとまず忘れてしまって明日の8時にまた心配するようにしよう」

　といった方法です。

原則4 → 最大限集中できる環境をつくる

　集中できる環境を作る努力をしてください。

　わたしたちの「意志力」は幼稚園児レベルですので、環境が何よりも大切です。幼稚園児を何もない机の前に座らせて「勉強しろ」といったら10分ぐらいならできても、机にブロ

ック玩具が登場した瞬間に、席から立ち上がってブロック遊びをはじめてしまいます。

普通の人は、環境によって集中力が違ってくるのはごく自然な現象です。

もちろん、どんな環境でも集中できるくらい「意志力」の高い人もいるでしょう。

でも、そんな人は正規分布表の最後のごく少数ですし、反対側にはどんな環境でも集中できない人たちがいます。

そして大部分の人たちは、その中間のどこかに位置するわけです。

机の上にある雑多なモノをみな片づけて注意力が散漫にならないようにして、自分にあった環境を探してみましょう。

パソコンモニターの前もきれいに整理しておいてくださいね。

それから、業務ごとに使える各種集中力アイテムも利用しましょう。

そして最初から密度の高い超集中状態に入るとか、長時間ずっと集中しようと苦しまないでください。

まだ無理です。

　できるレベルでできるだけの時間だけまずは集中して、それでも満足できなければ徐々に改善していけばよいのです。

　これまでやるべきことを細分化するようにいってきたのも、一度に集中できる分量だけ処理するためです。

　もちろん簡単ではありません。

　わたしもいまだに１日の多くを無意識的などうでもいい考え事をしたまま、ぼんやりと過ごしています。

　でも、「集中しなくちゃ」という点を心にとどめて、短い時間だとしてもそのために努力してみると、１日１日、集中する時間が少しずつ長くなるのを感じます。

　それによって重要なことをする時の達成度も変わってくるのです。

「ポモドーロテクニック」で集中する

　日常で簡単にチャレンジできる、集中するための練習としては次のようなものがあります。

● 家事をしている間は家事にだけ集中してみる。
● 「ポモドーロテクニック」を利用してみる。ポモドーロテクニックの25分が長すぎるというのであれば5分。
● 映画やドラマを見ている時はスマホを見ない。
● 一冊の本を最後まで読み終えてから次の本に移る。
● 気に入った本を筆写（写し書き）してみて、書いている間は文字にだけ集中する。

　この中で、「ポモドーロテクニック」とは、25分（あるいは一定時間）タイマーを設定しておき、やるべきことに集中

してから、**タイマーが鳴ったら5分間休み、また25分集中する**というやり方です。

　実際に以前、わたしも大きな仕事のたびに一時的にこの「ポモドーロテクニック」を使っていました。大掃除をしたり、課題やレポートを書いたりする時などはとくに。

　このポモドーロテクニックを本格的に使いはじめたのは、2019年の大学編入関連試験の受験生活の時でした。

　受験生活中に、50分のインターネット講義を聴いている間、いつ終わるのかと、再生ウィンドウを20回もチェックしている自分に気づいたのです。「これじゃいかん」と思い、軽い気持ちでポモドーロテクニックをはじめました。

　そして、その効果に驚きました。

　退屈には耐えられないタイプなので、最初は15分インターネット講義、5分休憩にしてみました。

　慣れると15分では短すぎると感じたため、集中時間を25分に延ばし、ちょうどいい感じだったので25分講義、5分

休憩のパターンに固定しました。

「タイマーが鳴るまでは講義を聴こう」という明確な目安ができたし、その時間に自分が納得できていたので集中力も高まりました。とにかくタイマーが鳴るまでは、ほかに気をとられずに、講義だけを聴けばよかったので。

「ポモドーロテクニック」を実行する前は、「いつ休もうか」とチラチラ考えるあまりしょっちゅう時間をチェックしていました。

「ポモドーロテクニック」で、問題集を解いて復習する時は、インターネット講義の時よりももっと集中できるようになりました。

　そこで、40分集中－15分休憩のパターンにしました。同じようにタイマーが鳴るまではほかのことは考えずに集中できて、徐々に時間も長くなって、最終的には50分集中－15分休憩のパターンに落ち着きました。

　これを機械的に8〜9セットくり返すと1日が終わっているというわけです。

超なまけ者のみなさんに特に強調したいポイントは、「休憩時間」のタイマーです！

わたしは試行錯誤をくり返し、タイマーを二つ用意することにしました。

タイマーの一つは「50分（受験生用タイマー）」で、もう一つは「15分（自習室などでは無音タイマー、家ではキッチンタイマー）」と決めて設定するのです。

はじめは一つのタイマーだけを使っていたのですが、集中と休憩の二つの時間を交代で設定するのもめんどうになって、休憩時間のタイマー設定をだんだんとしなくなってしまったんです。

けれども「休憩時間が終わり」という合図がないと、超なまけ者は「あともう5分だけ休もう」と思いながら、結局50分勉強して1時間休んでしまいかねないのです。

そこで、タイマーを二つ使うようになってからは、集中の合図−休憩の合図がはっきりとわかるので、効率的に勉強できるようになりました。

わたしのように**勉強の時だけでなく、仕事や家事などにも
ポモドーロテクニックは本当におすすめ**です。

　必ずしも25分集中－5分休憩のセットにしなくても、自
分の集中できるレベルに合わせていくらでも時間を調節でき
ます。

　集中しやすい内容ならば2時間集中の設定にしてもいいで
すし、やりにくいものなら10分集中からはじめたってかま
いません。

　とにかく**タイマーが鳴るまでは、何も考えずにとにかく目
の前のことに集中できる効果は絶大**です。

LEVEL 5

変化は、
洋服の断捨離から
はじまった

いらないモノが溜まっていると、
悪しき習慣とプレッシャーが増えて判断力がにぶり、
その結果、わたしたちの考えや気持ち、
想像力の持つ力を十分に活用できなくなる。

（ドミニック・ローホー『シンプルに生きる』）

散らかった部屋は「意志力」を奪う

生まれてこのかた、ずっと整理整頓が苦手でした。

　学校に通っていたころも、ロッカーにはあらゆるモノがつまっていて、扉を開ければ教科書が雪崩を起こすわ、授業中も妙な音がして、振り返ってみるとわたしのロッカーから何か飛び出してきているわというありさま。

　ロッカーから本を取り出すのがめんどうくさいからと、机の上に本を出しっぱなしにしておいて先生に叱られたことも数知れず……。

　家にいても同じでした。

　まず家に帰ってくると疲れているからと、脱いだ服はそのまま椅子にかけっぱなし、バッグは置きっぱなし。捨てるべきモノや残しておくべきモノを区別できず、バッグを整理し

ないのでリップスティックやカードなど、大事なモノを失く
して買い直した経験も一度や二度じゃありません。

**整理整頓のできていない散らかった環境は、はじめは自分
のなまけぐせの結果でしたが、時には新たななまけぐせの原
因にもなりました。**

何かをやろうとしても部屋の状態が気になるので、「とり
あえず先に部屋を片づけてから」と自分に言い訳してやるべ
きことを先延ばしにし、そうかといって部屋を片づけるでも
なく、結局、やるべきことも掃除も両方ほったらかしにして
いました。

そうこうしているうちに、もうこれ以上先延ばしにできな
いところまできて、かなりのストレスを感じながらやっと大
掃除をするというパターンだったのです。

ところが、**最近のわたしは、これまでの人生でもっとも快
適な環境で過ごしています。**

その秘密をご紹介しましょう。

とにかくモノを減らす

　そもそも何がきっかけで、わたしがなまけぐせから脱出できたのか考えてみたら、そのターニングポイントは「ミニマリズム」に関する本を読み、必要なモノだけを残そうとしたところからだった気がします。

　必要ないモノを思い切って捨てるのにかなりの時間がかかりましたが、その分、不必要なモノがないすっきりした感覚を体感できて、気分が一新しました。

　いらないモノを処分すると部屋にゆとりスペースができて、いつもなんとなくモヤッとしていた頭の中と心が、パッと開けるような気分でした。

　身も心もさらに軽くなったのです。

日常生活でいくら意識的に整理をし続けても、ふと見渡すと、もう散らかっているって？

　もしそうならば、モノを管理する際の無意識なエネルギーに比べて、所有しているモノの量が圧倒的に多いのかもしれません。

　これを解決するためには、以下の三つの方法があります。

☑　整理のための意識的なエネルギーを集中して使う

☑　エネルギーのレベルそのものを育てる

☑　自分のエネルギーレベルに合わせてモノを減らす

　わたしは三つ目の方法を選びました。

　というのも、一つ目はそうでなくともエネルギー不足なのに、整理整頓まで神経を配る余裕はありませんでしたし、二つ目はエネルギーレベルを育てる具体的な方法も知らなかったので、かなり長期間の闘いになりそうでした。

　それに比べて、三つ目の「自分のエネルギーレベルに合わせてモノを減らす」は簡単かつその成果がすぐに目に見えたのです。

わたしたちのような無気力ななまけ者たちは、そうでなくともエネルギーレベルが低いもの。

　ですからモノを減らすことで、モノを探し出して整理するのに費やすエネルギーを最大限節約したほうがいいのです。そのほうが自分の目標を達成することにエネルギーを使えるのです。

　必要なモノだけを残しはじめるとお気づきになるでしょうが、厳格な消費パターンを持っている人でない限り、身の回りには不必要なモノが実に実にたくさんあるのです。

　それらをみな捨てて、本当に必要なモノだけ残すと、今まで見えなかった「必要なモノ」を探し出すのに使うエネルギー、不必要なモノを購入し管理するのに使うエネルギーを、本当に必要なやるべきことに使えるようになります。

　それで、今よりも効率的に暮らせるようになるのです。

「必要なモノ」を「管理できる分量だけ残す」という大原則のもと、このあとの内容を読んでいただければと思います。

必要なモノだけを残すと……?

① 整理整頓が簡単になる

　まっ先に**変化が目に見えたのは服、化粧品、バス用品を減らしたあと**でした。服は大きな洗濯カゴ三つ分以上を処分し、今も定期的に整理しています。

　化粧品も使わないモノ、衝動買いしたモノをみな捨てて必要なモノだけを残しました。

　そうすると、**いつもクローゼットにスペースがあるので、服をしまう時も無駄なエネルギーがいりません**。また、いくら外出前にあわてていても、メイクスペースはいつもきれいで、バスルームを掃除する時も、シャンプーやボディソープ、トリートメントなどをいちいち片づける労力が減りました。

　この時点で勢いがついて、収納ケースの引き出しの中の雑

貨などもざっくり片づけてみました。

　すると引き出しを開けると中のモノが一目で見えるようになり、また、どこに何があるのか、頭の中でもすぐイメージできるようになりました。

　そのため、モノが必要な時に探す時間も劇的に減って、そこら中をひっかきまわしたりもしなくなりました。

　つまり、身の回りはいつもきれいで、引き出しには余白がたっぷりあるため、モノを元の位置に戻しやすくなったのです。

　こうして掃除・整理整頓をやる時にかかるエネルギーを節約できるようになると、掃除・整理に対する心理的なプレッシャーもかなり減りました。

　やるべきことを無駄に先延ばしすることもなくなりました。

先延ばしにしてめんどうくさがることに使う時間とエネルギーを、別のもっと重要なことに使えるようになったのです。

② 日常が整う

　ほとんど使わないバッグなどもすべて処分したら、外出の時に使うバッグを選ぶ手間がぐっと減りました。

　また、メイクの時も、必要なコスメを見つけるスピードもかなり速くなりました。

　服のコーディネートのパターンが絞られて何を着るべきか悩むストレスも減りました。

　つまり、**選択肢の数を減らすと、外出の準備時間も短縮できて、今まで選択に費やしていたエネルギーやストレスもぐっと減った**のです。

　また、必要なモノを探すのに時間をかける無駄もなくなりました。

③ 自分自身をよく知り、賢い消費ができるようになる

　必要なモノだけを残して不必要なモノは処分する過程は、今までの自分の消費スタイルやライフスタイル、好みを直視する過程でもあります。

持ち物すべてを、必要なモノと不必要なモノにわけている
うちに、**自分に本当に必要な、自分が心から望んでいるモノ
がなんなのかわかるようになる**のです。

　最初は、絞られた数のモノだけでちゃんと暮らしていける
のかと思いましたが、たくさんのモノに囲まれて暮らしてい
た時よりも**むしろずっと効率的で毎日が楽しくなっていきま
した**。

　そう、本当に自分に必要なモノがわかり、消費の基準が明
確になるのです。

　ただ、不必要なモノをすべて処分するというのはそうそう
簡単ではありません。

　使ってないけれど、まだ使えそうなモノを捨てる時、「も
ったいない」という心理的な抵抗が出てきます。

　でも、もしそうならば、次回モノを買う時に、これを本当
に使うのか、また捨てるのではないか、ときちんと考えるよ
うになるでしょう。

　それから、フリマサイトなどでタダ同然で売るくらいなら、
いらないモノに大枚をはたく消費そのものに、疑問を抱くよ

うにもなります。

④　生産的な暮らしがはじまる

　必要なモノだけを残してみると、**今までわたしがモノを購入してそれを日常的に管理するのに、いかにエネルギーを消耗しながら暮らしていたか**わかりました。

　余計なモノが見えるたびに「片づけなくちゃ」と感じる精神的ストレス、モノを使ったのに元の位置に戻せず山のごとく積み上げたあとにおそってくる圧迫感。

　重要なミッションは部屋を片づけてからやろうと思うものの、結局は部屋も片づけなければ、やるべきこともできないままだった時間。

　外出の時に必要なモノが見つからずに無駄にしていた時間、そのせいで友人との約束時間に遅れて失った信頼。

　必要じゃないモノを探したり、比較したり、衝動買いするのに使ったエネルギーなどなどなどなど……そういうちょっとした非生産的なエネルギーを自覚できないまま、非効率的

にエネルギーを浪費して暮らしていたのです。

　モノを減らして精神的浪費がなくなると、日常に変化がやってきました。

　机の上がいつもきれいなので、すぐに本を開いて勉強もはじめやすくなりましたし、目につくごちゃごちゃしたモノがなくなったので、目の前のことに集中しやすくなったのです。

必要なモノだけを残すための六つのヒント

　わたしがモノを処分する方法をいろいろ書くよりも、ご自身で自由にさまざまなミニマリズムの本やウェブサイトをチェックして、ご自分にあったやり方を見つけていただくほうが効率がよいと思います。

　その代わり、ここではわたしが実際に体験してみてわかった必要なモノだけを残すヒントをいくつかご紹介しましょう。

①　洋服、アクセサリー、化粧品から片づける

　洋服、ファッション雑貨、アクセサリー、化粧品は必要以上の数を持っている確率が高く、毎日使うモノでもあるので、必要かどうかを見極めるのは比較的簡単です。

　また、日常生活で身の回りに散らかっているモノたちでも

あります。つまり、捨てるのも簡単で、捨ててからの変化を
一番実感しやすいのです。

　まずは**服、アクセサリー、化粧品の中で必要なモノだけを
残すと**、整理整頓の基準ができあがります。

　必要なモノだけ残した時のメリットがわかってくると、そ
こからはどんどん処分しやすくなります。

②　捨てる時は創造性を発揮しない

　捨てる時になってやっと、**「こうやって使おう！」「ああや
って使おう！」と急に新しい使い道が思い浮かぶモノ**は、創
造性を発揮しないと使い道が思い浮かばないほど、使用頻度
が低いモノなのです。今まであえて使わなくても何の支障も
なかったモノたちなのです。

・**ハンドクリーム**→マッサージクリームとして使おう！
（使いません）
・**着なくなった服**→リフォームして着よう（着ません）
・**着なくなった服**→部屋着にしよう（すでにそういう服が20

着はあるはずです)

「今すぐ」の使い道がはっきりとしているモノでないなら、
もったいないですが処分をおすすめします。

③ 引き出しを減らす

　収納ボックスの引き出しは使わないモノたちの逃げ場所で
す。引き出しがあれば、こまごましたモノをとりあえずしま
えるので、気持ちもほっとします。
　また、今すぐにモノを処分する必要がないので、モノを捨
てる作業を先延ばしにもできます。

　でも、わたしたちは、**自分の持ち物と向きあい、分類し、**
まだ使えるけれども自分は使わないモノは1日でも早く新し
い持ち主を見つけてあげて、寿命を迎えたモノは処分して、
ゆとりのスペースを確保しなくてはなりません。
　ちょっとしたプラスチックの収納ボックスなどの中に入っ
ているモノをすべて取り出して、引き出しそのものを片づけ

てしまいましょう。

　もし使わないモノをすべて処分したのに、それでもモノを
しまう引き出しが足りないとなったら、また引き出しを戻せ
ばよいのです。

　まず、引き出しそのものがスペースを占めているので、こ
れをなくすだけでもかなりすっきりした感じになります。
　それから、取り出したモノたちを分類して捨てて整理する
作業をくり返してください。

④　絶対的な量は重要じゃない

「必要なモノ」の基準は、人それぞれの職業やライフスタイ
ルによってさまざまです。
「管理できる分量」もまた、個人のエネルギーレベルによっ
て千差万別です。
　そのため**モノの絶対的な量を気にするより、そのモノ自体
が本当に必要なのかどうかを深く悩んでみてください**。

わたしの場合はメイクを楽しむタイプではないので、持っていたアイシャドーをすべて捨てたのですが、メイクを楽しみ、時と場合にあわせて使う基準がはっきりしている人ならばアイシャドーを捨てる必要はないわけです。

　持っている香水がたった一つでも、香水を楽しまない人が衝動買いしたきり使っていないのならば処分すればいいですし、香水を20本持っていても、香りを楽しみローテーションですべて使っているのなら、あえてストレスを感じてまで処分する必要はありませんよね。

⑤　不必要なモノはできるだけ売ったり、譲ったりする

　捨てる代わりに必要としている人に譲ればモノを処分する時の心理的な抵抗もずいぶんやわらぎます。また、わたしにも、モノを受け取る人にとっても、地球のためにも、win-winというわけです。
　わたしの場合は地域型のコミュニティを活用しています。無料で譲る場合はほとんどの場合が受け取りに来てくれます。

フリマアプリを使用されている方も多いと思います。古本を売る時には大型書店の古本取引サイトを使用しますし、高価なモノを売る時用の専用中古取引サイトも時々使っています。

それ以外にも保護犬のために古着を集めているショップなど、モノを譲りあえる場所はたくさんあります。

⑥　使わないモノを捨てるのは浪費ではない

モノを捨てるのは浪費ではないかとうしろめたく思う方もいらっしゃると思います。でも、**よく使うモノを捨ててしまうのが浪費であって、使わないモノを処分するのは浪費ではありません**。

たいして使わないモノを買うのが浪費であり、そのモノを作るのに必要な資源を浪費したといえます。

そのモノを買ったのはもう過去のこと。現在は使わないモノをもったいないからとずっと抱えているのもスペースや時間の浪費だと思います。

もちろん、胸が痛む気持ちは十分に理解できますが、これは次からは、絶対に使うモノだけを買うための教訓としましょう。

快適な環境をキープするために

　さあ、モノは減らせましたか？

　でもこれで片づけが終わったわけじゃありません。まだわたしたちにはその日使ったモノを、常に元の位置に片づける作業が残っています。

　これを習慣にできてはじめて、きれいなスペースを日常としてキープできるのです。

　大変なエネルギーを注がなくとも、きれいな状態を維持できるヒントをいくつか公開しましょう。

✔ カゴを一つ用意する

　バッグを二つ以上所有していて、中身を整理できていない人は、外出直前にあわてて重要なモノ（カード、リップステ

ィック、財布、鍵など）を探すために部屋中をひっくり返して、しっちゃかめっちゃかにしてしまった経験があるはずです。

　収納の引き出しをひっくり返し、1週間前に着た服のポケットをあさり、おととい使ったバッグのポケットもひっくり返して。

　こうして約束時間に遅れるのはもちろん、急ぐあまり散らかった部屋も片づけられず、そのまま悪循環が生まれるのです。

　広い家なら問題はさらに深刻です。

　そこで、カゴを一つ用意して、家に帰ってきたら、まず服のポケットやバッグの中のモノをすべてカゴにぶちまけるのです。

　ここで**大事なのは「丸ごとぶちまける」**です！

　決して一つひとつ入れないでください！

　整理しようとも思わないでください！

　それらはまだわたしたちには早すぎます。ルールを決めてカゴの中を整理するなんてめんどうくさくてやらなくなります。

ただ、バッグを逆さまにしてひっくり返して、カゴにすべて出してしまえばいいのです。

　重要な所持品がどこにあるのか外出のたびに悩み、時間をかけてモノを探すために部屋中をひっくり返す必要もないのです。

　どうせカゴの中にすべて入っているのですから。

　整理整頓がとにかく苦手な人は、この項目を実行するだけでも、生活の質がばつぐんに上昇するはずです。

✅ 帰宅直後15分を整理整頓の時間にあてる

　LEVEL2でもお伝えしましたが、タイマーを一つ用意してください。

　受験生が使う多機能のものではなく、キッチンタイマーみたいな、シンプルで大きくて使いやすいものがいいでしょう。

　次に、外出から帰宅したらまず、すぐにタイマーを15分に設定してください。

　その**15分の間に服を着替えてアウター**などは元の位置にかけ、バッグを整理し、簡単にシャワーもすませてください。

　驚くことに、このすべてを15分でできてしまうのです。

　15分で終わらなかった？

　それなら残りはあとでやりましょう。

　15分が長すぎた？

　それなら10分に短縮してください。それでも長ければ5分でもよいでしょう。

　大事なのは、プレッシャーを自分に与えないことです！

☑ 自分が散らかしはじめるポイントを見つける

自分の部屋が散らかっていく過程をじっくり観察するとわかりますが、決してすべてのスペースが均等に散らかっていくわけじゃないのです。

普通よく使ったり（例：机、メイクスペース）、こまごましたモノを置きやすい場所が一番先に散らかりはじめます（例：椅子やベッドの上に服を置く）。

１カ所が散らかりはじめると、無意識のうちにほかのスペースももっと散らかりやすくなります。

「きれいにしておかなくては」というプレッシャーが一瞬で崩れ去るからです。

すると、ほかの場所も罪悪感なく散らかしやすくなりますし、あっという間に部屋全体が散らかっていきます。

生活空間が散らかると、仕事や睡眠、食事などの基本的な生活もまわらなくなりますし、なぜかどんどん片づけもイヤになり、結局手がつけられなくなる悪循環を呼び起こします。

部屋がどこから散らかりはじめるのか、そのスタートをよ

く探してみてください。

　わたしの場合は**実家では机の上、ワンルームに住んでいた時は、シンクに食べ終わった食器が溜まるところが散らかりはじめる場所**でした。

　散らかりはじめる場所を見つけられましたか？

　そうしたらその場所をまずは片づけるというルーティンを作ってみてください。

　毎日決まった時間にアラームをセットして、その場所を片づける方法をおすすめします。

　実家ではわたしは毎日寝る前に、机の上の整理整頓をルーティンにしました。

✅ モノを一つ動かしたら、一つ元の位置に戻すルールを習慣化する

　当たり前ですが、家の中であまり使わないモノは散らかりません。普段クローゼットの奥にある水着が勝手に出てきて散らかったりはしません。

　空間が散らかるのは、日常でよく使うモノたちのせいなのです。

　しょっちゅう使うので元の位置に戻さなければとすら思わないようなモノ、いつもの暮らしの動線で行き場を失ったモノたちが問題なのです。

　たとえばリビングで何か飲みながらテレビを観てグラスをそのままにしておくとか、トイレで読んでいた本を本棚に戻さないとか、引き出しからホチキスを取り出して書類をとめたけど、引き出しに戻さないとか、そういった類のことです。

　こういうモノをまず片づけるだけでも、空間はなかなか散らからなくなるのです。

　だから、日常のスペースで自分が移動するたびに、出しっ

ぱなしのモノを手に一つずつ持って元の場所に置くように習慣づけしましょう。

　どうせ動くのなら、ついでに置きっぱなしになっているモノを手に持って動くというわけです。

　たとえば、キッチンでおやつを取り出すたびにテーブルにあったカップを片づけ、扉を閉めに行くついでに机の上にあった爪切りを玄関の引き出しにしまうというふうに。

　こうした行動が習慣になると、むしろやらないほうが落ち着かなくなるほどです。

LEVEL 6

スマホ依存を見直す

体にしみついた習慣を断ち切り、
新しい習慣を十分に身につけるには何が必要か？
それは優秀なコーチが持つべき素養とも通じる。
根気と寛大さ、それからユーモア感覚。
寛大さがないと長続きはしない。

（クァク・セラ『座り方、立ち方、歩き方』未邦訳）

スマホとの決別、
口でいうほど簡単じゃない

　この章では、わたしの人生を台無しにしていた「スマホ依存症」を改善する方法をご紹介します。

　わたしはＳＮＳやネット上のコミュニティを転々とし、ひどい時は１日12時間以上、平均６時間以上スマホを使っていたという黒歴史があります。

　実のところ、「スマホ依存症」は、日常がスマホよりもわくわくするおもしろいことであふれていれば、ごく自然と治るものなのです。

　果たして、わたしが豪華なクルーズ旅行に出かけても今のようにスマホをいじっているでしょうか？

　もう答えは出ていますよね。

　そうかといって、今すぐ何かおもしろそうなことも見つか

らないのであれば、スマホの使用時間をコントロールすると
いった表面的な方法でもいいので、依存症状をなんとか改善
しましょう。

　**スマホの使用時間を減らすと、現実に集中するようになっ
て日常がもう少しおもしろくなりますし、空いた時間をほか
のルーティンで埋めたくなってきます。**

　さまざまな好循環が生まれるのです。

　スマホの使用時間を減らすためには、やはりわたしたちの
自発的な意志だけでは足りません。

　本書で何よりも断言したい部分です。

　他人の助けを借りられるのであればぜひそうしてください！

　**同居人に監視をお願いするのでもいいですし、使用時間を
共有しなかったら友人に毎日罰金を払うようにしたり、一定
期間、家族にスマホを預けておくといった方法**でもよいでし
ょう。

　もし、誰かの助けが借りられないのであれば、スマホのコ
ンテンツや使用そのものをシャットアウトするような、強制
的な環境の変化が必要になります。

「スマホ依存症」から抜け出す
マインドリセット

　自分でも「スマホ依存症」だなと思っていらっしゃる方なら、現実の何かから逃げるためにスマホを触っているんだと自覚する必要があります。

　わたしの場合は、進路、人付きあい、勉強など、重要だけれども難しい問題を避けたいと思っていたような気がします。

　目の前のやるべきことと一つひとつ向きあって解決しようとはせずに、ただ漠然と恐れ、なんだか大変そうに見えるからという理由でとにかく逃げたかったのです。

　やるべきことから逃げてばかりいると時間が余るので、そういう空いた時間を埋めるために何かしなくちゃという感じで、手っ取り早いスマホに手を出していたような気がします。

カナダの心理学者ブルース・K・アレクサンダー博士の薬物依存症を調査するための実験『ラットパーク（Rat park)』の記事を興味深く読みました。

　1匹で孤立したネズミはすぐにモルヒネ依存症になりますが、おもちゃのある広々とした環境、ほかのねずみたちとの自然な交流ができる環境にいるネズミは、簡単にはモルヒネ依存症にはなりませんでした。

　この結果を知り、「スマホ依存症」についていろいろと思うところがありました。

　わたしはスマホによって「意味がないだけでなく、とてもつまらない時間を過ごしていた」と気づいたのです。

　コミュニティサイトで見かけるさまざまなライフハックや情報一つひとつがどれも重要に見えて、なければ生きていけないような気がしていましたが、いざスマホから離れたら、ほとんど思い出せない内容ばかりです。

　他人のSNSをチェックすると、興味のある内容がどんどん出てきますが、いざスマホを切って横になってみると、なんだか妙に後味が悪かったりしたものです。

さまざまなスマホ依存脱出方法を試しましたが、「目新しく」かつ「自分の意志」でスマホの使用時間を減らす方法は全く効果がありませんでした。

　お腹がいっぱいになるまで食べる習慣がついていると、腹八分目に減らしづらくなるように。

「今日はスマホ３時間、明日は２時間だけにしよう」と思っても、あと５分だけのつもりが気づけば３時間以上経っていました。

　ＳＮＳのＡとＢのうち、Ｂからは退会してＡだけにしてみると、効果が少しはあるのですが、今までの習慣もあって、Ｂに費やしていた時間をＡに使用するようになってしまいました。

　そこでいっさいやめることにしました。できる限りオールオアナッシング方式で完全に断絶するようにしましょう。

　そのためにわたしがしたのは、ＳＮＳやポータルサイトの「パスワード変更（どうしても使い続けなければならない場

合に限る）」、または「**アカウント削除**（利用しなくてもいい場合）」です。

　前者の場合、せっかく見ないようにしていても、ついログインするとまたしょっちゅう見てしまうため、パスワードを複雑なものに変えてください。

　まずメモ帳ででたらめに文字や記号を打ってそれをコピーして、アカウントのパスワードとして変更してすれば、簡単に再ログインするリスクを減らせますよね。パスワードを変更する時に入力する連絡先を家族の情報にしておいて、緊急時は家族に尋ねるなどしてもよいでしょう。

「スマホ依存症」の人たちが**スマホで過ごしている時間は、おもしろい時間ではなく、考えなくてもいいラクな時間**なのだとわたしは思います。

　ただ、暇つぶしのために、習慣で、くせで、淡々とした気分でやっているだけです。

　スマホを触らなくなると、退屈すぎて空しくなるんじゃないかと思っていましたが、いざ少し時間が経つと、思ったよりも淡々とした気分になっているものです。

また、**空いた時間を埋めようと、何か生産的なこと（実は
スマホよりもほとんどのことが生産的です）をはじめる**よう
になります。

　ほかのことに集中しているうちにやりがいも生まれ、達成
感も感じられるようになるので、スマホのことを考える時間
も徐々に減っていきました。

スマホ禁断症状が出たらどうする？

　それでも、スマホ禁断症状が出た時にやるべきことを準備しておいてください。

　スマホ、パソコンを使わず、害にならないものならなんでもOKです。できればテレビも避けたほうがよいでしょう。

　たとえば、運動、映画鑑賞、数独、体操、読書、書き物、絵を描く、工芸など。

スマホよりもはるかに生産的です。

　実はコンテンツ遮断に関してはなかなか大変です。いろいろと興味深いコンテンツをすべて遮断するなんて現実的には不可能ですし（カカオトークだけでもニュース、検索機能がついていますので）。

　だから、これから説明するスマホをロックする方法がはるかに抜本的な解決策になると思います。

　スマホロックをはじめる前に、スマホの使用を減らすために料金システムまで変更しないようにしてください。依存症の人たちはデータ警告を無視して使い続けた挙句に、莫大な料金請求をつきつけられるでしょう。

　それから、使いにくいから使用時間が減るんじゃないかと思って二つ折りのスマホに手を出すのもやめてください。使いにくいまま延々と使用するに決まっていますから。

スマホ依存防止アプリやグッズを使う

「スマホ依存防止アプリ」でネットを検索すると、いろんなアプリがあります。

・使用時間を制限するもの

・使用時間を測るもの

・一時的に使用禁止にするもの

　などありますので、試してみるとよいでしょう。

　また、スマホをケースに入れて物理的に使えなくするグッズもおすすめです。

　わたしがやってみたスマホ依存症防止チャレンジの中で最強です。

アマゾンなどで「タイムロック」と検索すると探せます。

　原理は簡単です。スマホを入れておいて、使用しない時間をタイマーでセットすればいいのです。そうすれば指定した時間になるまではどんな手段を使っても開けられないのです。たった一つ開けられる方法は本体を壊すのみ……！

　そこに入れるとあきらめがつくといいますか……わたしが何をしようと時間にならなければスマホに触れられないのですから、あきらめ半分でほかのことに集中するようになります。
　ただ、電話機能を使う頻度が高い方にはおすすめしません。

のろくても、つまずいても、
忘れてはならないこと

　ついに最終項目の一つ前になりました。

　読者のみなさんが（喜ばしいことに）本書から役立ちそうなやり方を見つけて、「明日から実行するんだ」と決意したと仮定します。

　運のいい人は新しい方法を着実に実行し、ちょっとずつ変わる自分の姿にはずみもついて、変化の流れに乗っていけるでしょう。

　でも大多数のなまけ者たちは、**その日は一歩前進したような気がして喜んでも、次の日は新しい試みに失敗してしまうもの**です。

　新しい方法をやっと数日続けても、何かにつまずくとまたなまけ者ライフに戻ってしまうパターンのくり返し、となる

確率も高いのです。

　もしかしたら、変わる→元に戻る→変わる→元に戻るというパターンがくり返され、結局は元のままだったとなりかねません。

　あるいは、いわれた通りにやったのに、すぐに目に見える変化がなく、モヤモヤする場合もあるでしょう。

　わたしもそうでした。

　こうして本1冊分書いてきましたが、**わたしもまた20年以上わたしを支配してきたなまけぐせから、完全には抜け出せませんでした**。

　今も、「もういいや」と思ってしまうと、1日中ドラマを観続けて後悔したりしますし、やるべきことをほったらかしにして結局何一つできない日もあれば、ちょっと気を抜いたら朝方4時に寝てしまって生活リズムが崩れ、また苦労したりもしています。

　こんなふうに一度あせりはじめると、人の気持ちは簡単にブレてしまいます。とくに誰かの指摘にはもろいものです。

✔ とにかく行動すればいいのに、どうして考えてばかりい
　るの、どうして毎日遅く寝てるの、どうしてやらなきゃ
　いけないことから逃げて、ほかのことをしているの？

　こうした指摘は一見するとその通りすぎて、「がんばれば
すぐにできることから逃げているのだろうか？　それとも、
生まれつきなまけ者なのだろうか？」と悩んで、心が苦しく
なってしまいます。

　でも、自分を変えようと試みて、数日続け、また失敗して、
「自分はもともとなまけ者なんだ」とあきらめることを数十
回くり返すうちに、ついに本当に変わることができたわたし
が感じているのは、**途中の失敗なんて、なんでもない**という
こと。

　本当に**大切なのは、目の前のその日その日の達成度ではな
く、数十年体にしみついているなまけぐせを取り払おうと、
変わることを選んだ事実**なのです。

それから、その決意をしっかりと実践していくという気持ち。

　これまでにわたしが感じたのは、**なまけ者だとか働き者だとかは心がけの問題ではなく、体の習慣の問題に近い**のではないかということでした。

　今日、水泳の理論書で腕の動きやバタ足の方法を読み込み、「明日から水泳をがんばろう」と決意しても体は決してすぐには動いたりしません。
　水を飲んでしまったりもがいたりしながら、何度も何度もくり返して動くことでフォームが徐々にできあがり、いつしか身につくのです。
　わたしはなまけぐせを治していく過程もこれと似ていると思います。

　今日、本書を読んだ通りに明日から充実した生活をはじめようと決心しても、すぐには定着しません。
　でも不器用でもいいから、今日正しい習慣を少しでも取り

入れられたら、それを元に明日はもう少し強度の高い習慣を取り入れるのです。

　こうして試行錯誤をくり返していくうちに、いつしかもうなまけ者じゃないといえるような状態になっていると思います。

　これまでの慣れからいつのまにか元に戻ってきてしまっても、克服した経験があるのですから、なまけぐせの沼からはすぐに這い出せるはずです。

　最初は何度もつまずき、人よりも遅れていると感じるかもしれません。例えるならばわたしたちは、長い間放置してきた車を運転しなければならないペーパードライバーみたいなもので、そんな状況で後悔ばかりしていたら、それこそ時間の無駄です。

　まずは動くんだと決めた以上、あちこち壊れた部品も直し、オイルも交換して、研修も受けて、車に慣れなければなりません。

　もちろんわたしの車は急ブレーキとアクセルをくり返して不安定極まりなく、スムーズに走っていく車をみるとうらや

ましくてあせりも出てきます。

　でも、まずは車を修理し、運転の練習もして車に慣れる過程を経ない限り、決してこの先長く安全運転を続けられません。ほかの人はその過程をすでに経ているからこそ、快適に飛ばしていけるのだと思います。

　近い将来に、**ほかの人たちみたいに自分だってできる**と信じて、ゆっくりと車の整備をしていきましょう。

　のんびり自分を変化させていく時間をくぐり抜けると、なまけぐせに引っぱられないしっかりとした「意志力」、あるいは、仮にまたなまけ者に戻ってしまったとしてもすぐに現状復帰できる力を手にしているはずです。

依存症よりももっと危険な、自己否定

　そしてさらにいいたいのは、「自分を否定しないでほしい」
ということです。

　本書で何より強調したい点です。

　今までわたしにとって「自己否定」は、認識すらできない
ほど自分の中に深くしみついた、ほとんど呼吸の一部になっ
ている行為でした。

　わたしはなまけ者そのものだから、自分で自分が情けなく
思えて、「とにかく動けばいいのになぜなまけているの」と
いう他人からの視線のおかげで自分が愚かに思える。その他
人の指摘が図星なだけにさらにつらくなる。

　つまり三重に自己否定していたわけです。

　なまけぐせを治したいのに簡単に変われない方々も、おそ

らくこうした自己否定が習慣になっているかもしれません。

　わたしもちょっとした行動一つひとつに自己否定がくせになって顔をのぞかせていました。

　朝遅く起きたからといって、1日をはじめるやいなや自己否定、スマホをいじっていてバスを乗り過ごしたからと、授業に遅刻したからと、課題をやらなくちゃいけないのにできないからと、家に帰ってきて散らかった部屋を目の当たりにしながら、夕方にやるべき勉強ができなくて、という具合に、いつのまにか日が暮れて寝る時間になるまで自己否定は続くのです。

　そうやって「ほんとにわたしってダメな奴」で朝をはじめて、「ほんと情けない人間だった」で1日を終えていたものです。

　1日の終わりには罪悪感でいっぱいになり、そういう日々がひたすら続いていく。

　その罪悪感が多くの人に理解されるような種類のものではなく、わたし自身に100%原因のある、自分が情けないがた

めに生まれる苦しみだからこそ、心の中で静かに抱え込むし
かないのです。

　もう少し大きなレベルの自己否定もありました。
　**何かの試験やプロジェクトに対しても、このなまけぐせの
せいで、いつだってがんばれませんでした。**
　当然、結果も出ないし、自分を認めてあげられず不安でし
た。
　その結果が、「ベストを尽くしたわけじゃないからこれは
本当の実力じゃない」と思おうとしたり、たまたま結果がよ
かったとしても運がよかったにすぎないとわかっていたから、
心から喜べませんでした。
　他人にその結果を褒められても、心から共感できなくてむ
なしい思いをしていました。

　かといって、自分がなまけた通りぱっとしない結果が出る
と、その通りだったからとホッとできたわけじゃありません。
　そういう時は罪悪感がさらに深まりました。
　「もう少しがんばればよかったのに」「わたしはどうしてこ

うなんだろう」といった、遅れてやってくる後悔によって自分で自分がもっと嫌いになったのです。

こうして、だんだんと自分を信じられなくなって、「どうせまた一生懸命やらないに決まっている」と、何か新しいことをはじめたくても気後れしていました。

そうやって自己否定をくり返してきたわたしが断固としていいたいのです。

なまけ者から本当に脱出したければ、自己否定のくり返しという根の深い習慣をはっきりと断ち切るべきだと。

こう申し上げる理由は、自分を否定をすると気分が悪くなるからではありません。自己肯定感が下がるからでもなく、自分を大切にできないからでもないのです。

もちろんこうした要素も大切ではありますが、決定的な理由ではありません。

わたしは、わたし自身を無条件に大切にし、やさしくしてあげなければとは思っていません。

生きていれば誰かの厳しい言葉、辛辣^{しんらつ}な指摘に気を悪くする場合もあるでしょうが、長期的に見ると現実感覚を見つめさせてもらうきっかけになる、前に進めるような言葉たちだったと思うのです。

　ならば、わたしがなぜ自己否定をやめるべきだと強調するのか、その理由をお話ししましょう。

✅ **自己否定をするべきでない決定的な理由は、自己否定は成長には全く役に立たないからです**

　もし自己否定をした時にわたしが落ち込んでも、それを元に成長し、発展していくための助けとなるなら、ここまで言い切ったりしません。

　自己否定は人の成長に全く寄与しないのです。
　他人が客観的に分析した正確な問題点を指摘し、効率的な改善策を目の前に差し出してくれたとしても、わたしたちが変化できるかどうか、なのです。

　もちろんネガティブな感情が原動力になる人もいるでしょ

う。

　しかし、それはわたしたちではないのです。

　もし自分を否定することのくり返しが自分の成長の原動力
になっていたら、本書を手にはしていないはずです。

　自己否定はためにならないレベルを超えて、ポジティブな
変化にもいいことなしです。

　自己否定は「自分はもともと誠実じゃない」という認識を
自分に植え付けてしまう戦犯の一つです。

「自分はどうせダメなんだ」という心の声が積み重なり、新
たな行動力や自信もなくなるのはいうまでもありません。

- ☑ **自己否定すれば時間は戻るのか？**
- ☑ **自己否定すればもっといい人になれるのか？**
- ☑ **自分はいつまでも自己否定しながらそのままでいたいのか？**

　このうちのどれでもないはずです。もう耳にタコができた
かもしれませんが、わたしたちの「意志力」はまだ幼稚園児

レベルでした。

　かわいい幼稚園児の甥っ子や姪っ子がいると仮定してみましょう。

　甥っ子がやるべきことをできなかったと完璧主義に陥って苦しんでいるほうがいいですか？　それともこんな日もあるさと、今日すべきことを改めてしっかりやりとげるほうがいいですか？

　もちろん後者ですよね。

　そりゃあ、だらけずに完璧に毎日の目標を達成し、堂々としていられればそれに越したことはありません。

　でも、一度決心して新しいやり方を試してみても、それがすぐに身につけられるほどの「意志力」ならば、そもそも今の今までなまけてはいないはずなのです！

　ですから、変化を試みながらも、途中でだらけてしまうというのは当然でもあります。

　わたしの周りの働き者の友人たちも、体調がすぐれなかったり、やる気が起きなければ時には何もかもを手放したりし

ています。

　そうやって懸命に生きる友人たちだって毎日誠実ではいられないのだから、今まで長い間ずっとなまけぐせがしみついている超なまけ者のわたしたちが、ちょくちょくつまずくのも無理もない話なのです。

EPILOGUE

超なまけ者が人生逆転するために

これまでの内容を要約すると、

- ☑ **変化を試みる序盤は、ほかの人よりもつまずいたり遅れ**
  をとるのは当たり前
- ☑ **だから思い通りにいかないからといって自暴自棄にはな**
  らないように。なんのためにもならないのだから

ということになります。もちろん生まれつき勤勉な人とい
うのはいますし、最大限に発揮できる力量も人それぞれです。

周囲には（驚くことに）1日5時間しか寝なくても平気で
（理解に苦しみますが）、寝るのがそれほど好きじゃなく、休
む間もなくあれこれ新しいことをはじめるのが好きな友人も
います。

ひいては、大変な目標を達成するために体験した苦しみや
あせりや不安が大好きと語る友人までいます。

わたしは何度生まれ変わってもそんなレベルの人にはなれ
ないでしょう。

でも、自分の最大力量がどれくらいなのか、やってみる前

にはわからないですし、実際問題として「なまけぐせのせい
で自分を嫌いにならない程度」「自分のやるべきことをやる
程度」ぐらいなら誰でもできると思います。

　わたしにもできたのですから。

　なまけぐせに関する話からは少しずれますが、わたしに気
づきを与えてくれたあるカウンセラーの言葉を最後にお伝え
したいと思います。

　この言葉が読者のみなさんの心にも届いたらと願って。

「生まれ持っての性質というのはたしかにあり、それを完全
に捨て去ることはできません。

　右利きの人が今すぐ左利きにはなれないのと同じように。

　でも、わたしがいくら右利きだとしても、ある程度は、左
手の使い方を身につけられるはずなんです。少なくとも、日々
の暮らしに必要なレベルまでは。

　とても上手であろうと、下手であろうとね」

推薦のことば

いつかはきっと変わるはずさ

　妻と初めて手をつないだ時のショックを今もはっきりと覚えている。

　男の自分よりも指が長かったのだ。

　あとになって手のひらを合わせてみると、そのショックは得体の知れない恐怖に変わった。

　「指の長い人はなまけ者だ」という祖母の言葉が胸に刻まれていたからだ。

　結婚して妻と暮らしてみると、隙を見つけては寝ているのをのぞいては、わたしよりもずっと働き者だった。だから「この人はなまけ者かもしれない」という恐怖から少しずつ抜け出せた。

こうして幸せな日々を過ごしていたところに、再び恐ろしい日々がやってきた。2人の娘の誕生だ。

　2人の娘に恵まれたわけだが、どちらもやたらと指が長かった。「でもこの子たちのママに似てるのならきっと大丈夫だろう！」と自分で自分に言い聞かせた。

　おそらくわたし自身が多分になまけ者なところがあるため、まめな働き者を家族に迎えたかったのだろう。

　長女は大きくなるにつれてなまけ者ではあるものの、それなりに誠実なところもあって漠然とした不安はある程度消えた。

　この子のママに出会ってからずっと持ち続けてきた漠然とした不安が現実となったのは、次女のジイが成長するにつれてだった。

　玄関に入ってくるやいなや靴をそこらじゅうに脱ぎ散らかし、部屋には服やモノが散乱。

　本だってあちこちに散らばっていたものだ。

　ジイが子どものころ、お姉ちゃんについてピアノを習いは

じめたのだが、ピアノには興味がなく、ピアノ教室に置いて
ある漫画シリーズばかり読み漁っていた。しまいには姉より
も遅く帰ってくる日もあって、次女の性格を把握できていな
かったのんきな我々夫婦は、次女がピアノにすっかりはまっ
ているものだとばかり思っていたのだ。

　ところが、**ある日「ピアノはもうやらない」といい出した**。

　才能あるピアニストを失うのではないかと残念に思ってい
たところ、我々はあとになって次女がピアノ教室をやめた理
由が、もうそこにある漫画を読みつくしてしまったからだっ
たと知ることになる。

　ジイが学校に通い出してから勉強しているところ（試験の
たびに一夜漬け）や寝ているところ（高校時代はクラスの遅
刻貯金箱の4分の3はあの子のお金だったという）などなど
を見ていると、妻の指と2人の長い指、そしてわたしのなま
けぐせがセットになって、恐怖が現実になってしまったよう
だった。

　でも一応大人として「早寝早起きをしてしっかり勉強しな
さい」などと何度か注意はしてみたものの、それほど効力は

なかった。

あれ以来、親になった罪悪感のようなものが少しずつ芽生えてきた。

唯一慰められたのは、「わが子というのは忍耐力の足りない親を鍛えるために再びやってきた恩師」という言葉だった。

ある賢人の本によると、四つの教育法があるという。
一つ目が心教（まず先に親が明るい気持ちを持つ）。
次が行教（親が行動で見せる）。
次が言教（言葉で心を込めて説明し、導く）
最後が厳教（厳しく教える）
である。

ジイにこの推薦文を頼まれてからだいぶ経っていたが、今こうして書きはじめてみると、生まれ持っての性質が誰譲りなのが、改めて痛感させられる。

彼女の幼少時代に、厳教や言教はなんの効果もなかったばかりか、ジイはそういうものを聞く耳を持たなかった。

だから我々夫婦が努力できる部分は行教と心教しか残っていなかった。

　ジイという人間のなまけっぷりや数々の煩悩が、指はママから、性質はパパから譲り受けたものだと認め、それでも少しでもそこから成長できるよう自分から努力する姿を、明るい心持ちでもって微笑み見守ってあげることしかできない！

　幸いこちらのほうは効果があったのか、**ある時からジイが少しずつ変わりはじめた。**

　寝る時間と起きる時間が少しずつ早くなり、以前は一時間は引き延ばしてからやっと手をつけていた皿洗いも、最近は食事を食べ終えるとすぐにとりかかる。

　それに頼んでもいないのに部屋の掃除をして、目につく家事はすすんで手伝う。

　ジイの部屋のドアを開けるたびに、きれいに整ったベッドとすっきりした机の上が見えて感動する。

　どうしてジイがこんなに変わったのかいつも不思議に思っていたのだが、本書を読んでやっとこれまでのジイの心の変

化を理解することができた。

　なまけ者から脱出したい人や、あるいはなまけ者のわが子を持った親御さんならば、一度くらい読んでみてもよいのではないだろうか。

　　　　　　　筋金入りのなまけ者だったジイの父より

ジイ　著

超なまけ者。幼稚園の時、２年間ピアノ教室に通いバイエルで終わってしまった。練習の時はいつも漫画を読んでいた記憶がある。学生の時も勉強をさぼり続けた。ニートになると、もはや失うものは何もなかった。目を覚ますと朝の４時。夜食を食べて、ネットのコミュニティをうろつき、昼夜がめちゃくちゃな生活でいつも疲れていて、周りにはあたりちらしてばかりだった。人生がこのまま終わってしまうような気がして恐ろしくなった。
そんな筆者が、今では本を書き、もう自己嫌悪に陥るようなこともなくなった。大学の編入試験に合格し、希望していた専攻の勉強をしている。この数年の間に筆者にいったい何が起きたのだろうか？　それを知りたい人のために書いた本書が初の著書であり韓国でベストセラーに。

オ・ヨンア（呉永雅）　訳

韓国の小説やエッセイを日本語に翻訳するかたわら、梨花女子大通訳翻訳大学院、韓国文学翻訳院で翻訳を教えている。訳書にファン・ジョンウン『百の影』『続けてみます』、チョ・ヘジン『かけがえのない心』、チェ・ジウン『ママにはならないことにしました』、リュ・シファ『愛しなさい、一度も傷ついたことがないかのように』、キム・ソヨン『子どもという世界』などがある。

着ない服を捨てたら「すぐやる人」になれた
2023年11月25日第1刷発行
2024年 3 月20日第2刷発行

著者　　　　　ジイ
訳者　　　　　呉永雅
発行者　　　　矢島和郎
発行所　　　　株式会社飛鳥新社
　　　　　　　〒101-0003 東京都千代田区一ツ橋2-4-3
　　　　　　　光文恒産ビル
　　　　　　　電話（営業）03-3263-7770　（編集）03-3263-7773
　　　　　　　https://www.asukashinsha.co.jp

装丁・本文デザイン　太田玄絵
装丁・扉イラスト　　design forb
本文イラスト　　　　二階堂ちはる
校正　　　　　　　　大西華子

印刷・製本　　　中央精版印刷株式会社

編集担当　江波戸裕子